Marie Latour

Allergie-Heilkost

Heilung ohne Medikamente bei Asthma, Nasennebenhöhlenentzündung, Schnupfen und chronischer Bronchitis.

BASTEI LÜBBE

BASTEI-LÜBBE-TASCHENBUCH
Band 62118

Lizenzausgabe: Gustav Lübbe Verlag GmbH,
Bergisch Gladbach
Printed in West Germany, Oktober 1989
Einbandgestaltung: Adolf Bachmann
Titelbild: ZEFA
Satz: Kremer-Druck-Hartegasse GmbH, Lindlar
Druck und Bindung: Ebner Ulm
ISBN 3-404-62118-2

Der Preis dieses Bandes versteht sich einschließlich
der gesetzlichen Mehrwertsteuer

Inhalt

Für Alexandra, Sven,
Daniel (†) und Patrizia

Herbert Stein
in Dankbarkeit gewidmet

Eine vergleichende ernährungsphysiologische Studie auf der Basis chemischer Zusatz-, Farb- und Konservierungsstoffe. Grundlage dieser Arbeit war:

Die »Neuordnung lebensmittelrechtlicher Kennzeichnungsvorschriften, Verordnungen des Bundesministeriums für Jugend, Familie und Gesundheit und des Bundesministers für Ernährung, Landwirtschaft und Forsten – Bonn, 22. Dezember 1981, BGBl. I (S. 1625)«

Einleitung

»Wer sich die Gesundheit erwerben will, der muß sich von der Menge der Menschen trennen.
Denn die Masse geht immer den Weg gegen die reine Vernunft und versucht immer, ihre Leiden und Schwächen zu verbergen.
Laßt uns nie fragen, was ist das Übliche, sondern was ist das Beste.«

Lucius Annaeus Seneca
(um 4 v. Chr. bis 65 n. Chr.)

In der Bundesrepublik Deutschland gibt es keinen Lehrstuhl für Konservierungsstoff-Allergien.
Die Einschätzung der Situation auf dem Lebensmittelmarkt, der Getränke- und Süßwarenindustrie, der industriellen Herstellung im allgemeinen durch Fachleute, Hersteller und Politiker ist widersprüchlich.
Während die einen unsere tägliche Nahrung im wahrsten Sinne des Wortes für nicht mehr »genießbar« erachten, erklärt die andere Seite, daß unsere Lebensmittel – dank der chemischen Industrie – noch nie so gut waren wie heute, und man sähe in den Schreckensmeldungen nichts anderes als billige Polemik einiger Unbelehrbarer, gepaart mit journalistischer Übertreibung – oder ganz einfach – Desinformation auch an Hochschulen und Angst vor wirtschaftlichen Einbußen.
Ich habe fünfzehn Jahre an allergischem Asthma, Schnupfen, Bronchitis, Nasen-Nebenhöhlenentzündung und zuweilen an Pseudokrupp gelitten. Ich kenne die Therapien der Ärzte und Kliniken und habe das Leiden an mir selbst und anderen Patienten studiert, die Methoden der Institute und Asthmatikerzentren, die nicht zur Heilung führten, und auch die Folgen von Cortison. Wie viele andere litt ich unter der Apparatetech-

nik, unter nutzlosen Injektionen und Inhalationen. Ich erkannte die falsche Ernährung der Allergiker und befaßte mich daraufhin mit dem Irrtum der Schulmedizin. Es wurde notwendig, die Fragen nach den wirklichen Ursachen von allergischem Asthma und Schnupfen zu stellen und die übliche Diagnose der sogenannten »Lebensmittelallergie« nach dem tatsächlichen Ausmaß der Belastung unserer Industrienahrung mit chemischen Zusatzstoffen einer genauen und sorgfältigen Prüfung zu unterziehen. Und je deutlicher sich das Ausmaß der Belastung abzeichnete, um so dringender bedurfte die Frage nach der Gesundheitsgefährdung durch Chemie der Klärung.

Doch die unerwartete Fülle von Tatsachenmaterial, das der Öffentlichkeit keinesfalls vorenthalten werden darf, brachte auch gleichzeitig eine notwendige Beschränkung. Statt einer allgemeinen Darstellung der Produkte habe ich eine sorgfältige Studie der allergieauslösenden Konservierungsstoffe an Lebensmitteln, Fruchtsaftgetränken, Süßigkeiten und Produkten des täglichen Bedarfs erstellt.

Trotz intensiver Bemühungen kennen wir heute nur den Bruchteil aller Umweltgifte, von denen wir wiederum nur einen Bruchteil analysieren können. Und von diesem Teil kennen wir auch nur teilweise die Giftigkeit und da im allgemeinen lediglich die Auswirkung einer einmaligen, hohen Dosis.

Doch von einer Anzahl chemischer Stoffe wissen wir über die langfristigen Vergiftungsfolgen einer regelmäßigen Zufuhr geringer Mengen, wie wir sie bei der Aufnahme unserer täglichen Nahrung und bei der Anwendung von Körperpflegemitteln zu uns nehmen – *nichts*.

Diese Studie wurde über einen Zeitraum von zehn Jahren in Ländern der Europäischen Gemeinschaft durchgeführt. Sie ist symptomatisch für die Ernährungslage der Bevölkerung aller Industrienationen mit gleicher Produktherstellung. Die Prozentzahlen allergischer Erkrankungen in diesen Ländern sind annähernd gleich bei steigender Tendenz – weltweit.
In Ermangelung von Lehrstühlen für Konservierungsstoff-Allergien sollte dieses Buch Eingang finden in Kliniken und Arzt-Praxen. Vor allem aber in Familien mit asthmakranken Kindern.

Marie Latour

Berchtesgaden, Oktober 1989

Allergien – Symptome und Ursachen

Allergien durch Lebensmittel, Pollen, Tierhaare, Hausstaub und andere natürliche Substanzen sind bekannt. Allergien durch chemische Konservierungsstoffe haben mit dem überwiegend biologischen Formenkreis die Symptome gemeinsam:

Asthma bronchiale
Schnupfen Rhinitis vasomotorica
Nasen-Nebenhöhlenentzündung
Chronische Bronchitis
Hautekzem

Während die biologischen Allergieformen mittels Testreihen auf der Haut oder als Provokationstest auf der Schleimhaut ermittelt werden und die Heilung im Weglassen der Allergene besteht, soll in diesem Buch über die wirksame Bekämpfung und Heilung der Konservierungsstoff-Allergien gesprochen werden.
Das allergische Bronchialasthma, ferner Dauerschnupfen, chronische Bronchitis und Entzündungen der Kopf-Nebenhöhlen waren bisher chronische Leiden. Man spricht von chronischen obstruktiven Atemwegserkrankungen (Einengung der Atemwege).

Die Symptome sind Bronchialkrampf, zugeschwollene Nase mit Dauerschnupfen, Entzündungen der Kopf-Nebenhöhlen, Zwerchfellhochstand.
Bei diesen Patienten sind nicht selten auch Neurodermitis und andere Ekzeme, ferner die Darmentzündung Morbus Crohn anzutreffen.
Psychische Faktoren sind nicht Ursache des Asthmas, sie können aber asthmatische Beschwerden und Anfälle, natürlich auch den ersten Anfall auslösen. Asthmatiker sind sensibel. Nicht die Seele ist krank, sondern das Bronchialsystem, die Schleimhäute im Hals, Bronchial- und Nasenbereich, seltener auch die des Darms.
Kaltluft führt als physikalischer Reiz oft zum Bronchospasmus (Verkrampfung der Muskulatur der feinen Verzweigungen der Atemwege), besonders bei Behinderung der Nasenatmung; bei plötzlichem Temperatur-, Wetter- und Klimawechsel oder Seewind.
Auf bestimmte Gase, Düfte und Schwebstoffe (Parfüm) in der Atemluft reagiert jeder Mensch bei entsprechender Konzentration, der Asthmatiker aber stärker. Er reagiert auch auf chemische Dämpfe und Abgase der Industrie, der Autos, Rauch und Nebel (Smog), Tabakrauch in der Wohnung und in Gaststätten überempfindlich.
Körperliche Anstrengung, seien es normale Fußwanderungen oder sportliche Spiele, führen zu Atemnot. In Ruhe tritt meist Besserung ein.
Durch Überwiegen der Ruhe- und Erholungsphasen ist bei jedem Menschen in der Nacht die Atmung eingeschränkt.
Bei allergischem Asthma ist in der Nacht die vegetative Regulation weitgehend gestört.

Asthma ist nicht erblich, wohl aber die Anlage der Erkrankung. In der Verwandtschaft ist außer dem Asthma auch das endogene (von innen kommende) Ekzem (konstitutionelles Ekzem, Neurodermitis constitutionalis), Heuschnupfen, bzw. Rhinitis allergica (allergischer Schnupfen), Nahrungsmittel- und Konservierungsstoff-Allergie bei denselben oder verschiedenen Personen gehäuft anzutreffen.
Auch wenn wir in unserer Umwelt vielen allergischen Einflüssen ausgesetzt sind und wir vom toxischen Potential durch inhalative Allergien scheinbar primär betroffen sind, bedrohen uns chemische Konservierungsstoffe, die dem Körper mit der Nahrungsaufnahme oder durch die Haut direkt zugeführt werden.
Die Auffassung der Medizin und Forschung, uns bedrohen Umweltgifte aus Boden, Wasser und Luft, wie sie in Ackerfrüchten enthalten sind oder wie sie bei der Medikation der Massentierhaltung vorkommen, ist unvollständig und irrig. Keinesfalls sollen diese Gefahren bagatellisiert werden, sie sind vorhanden und die Vorratshaltung ist ja ohne Chemie heute kaum noch denkbar.
Man muß anerkennen, daß gute Konservierung von Lebensmitteln und Wurstwaren einen wesentlichen Fortschritt für die Volksgesundheit darstellt. So ist die Botulismus-Infektion, diese schwere, oft tödliche Krankheit, durch Konservierung ausgerottet, wie auch der Staphylokokkus aureus aus Wurstwaren verschwunden ist durch aseptische Zusatzstoffe und Nitrat. Aber auch diese Stoffe allergisieren Empfindliche und provozieren allergische Anfälle, Asthma, Schnupfen, Bronchitis und führen zu chronischen Nasen-Nebenhöhlenentzündungen und Stirnhöhlenentzündungen.

Man sagt, der Mensch sei anpassungsfähig, aber diese Anpassungsfähigkeit wird erheblich überstrapaziert beim Verzehr chemisch konservierter Lebensmittel und Getränke industrieller Herstellung, die dem Körper täglich zugeführt werden.
Ohne oder mit familiärer Belastung hat das Asthma bronchiale also nicht nur die bekannten zwei Ursachen, sondern – bei mehr als 50% – eine dritte Ursache zum Thema dieses Buches.

1. Infekte der Luftwege

Sie beginnen mit Schnupfen und gehen auch schon im Säuglingsalter in Bronchitis über und können innerhalb von mehreren Monaten zur asthmatischen Bronchitis (kindliches Asthma bronchiale) führen. Bei älteren Kindern und Erwachsenen ist meist die chronisch-eitrige Bronchitis oder Sinusitis (Nasennebenhöhlenentzündung) die Ursache, gelegentlich auch Bronchiektasen (Luftröhrenerweiterung).

2. Biologische Allergie

Trotz familiärer Belastung ist die Allergie bei Kleinkindern meist noch nicht nachweisbar. Erst ab 2 Jahren gewinnt sie an Bedeutung. Die Allergie entwickelt sich immer durch Allergiesierung, d.h., bei bestehender Bereitschaft führt wiederholter Kontakt mit Allergenen allmählich zu der Überempfindlichkeitsreaktion.
Die bekanntesten Allergene sind: Pollen von Gräsern,

Bäumen, Sträuchern, Blumen, Hausstaub (Hausstaubmilbe mit ihren Ausscheidungen), Tierhaare, Federn, Schimmelpilze und einige Nahrungsmittel (Milch, Ei, Fisch, Mehl etc.).

3. Konservierungsstoff-Allergie

Diese Allergie beginnt wie der Infekt mit Schnupfen und geht in Bronchitis über mit zähem, linsenförmigem Schleim, häufig verbunden mit Schleimhautschwellungen. Das Atmen durch die Nase ist erschwert, oft unmöglich. Ist die Allergie infolge chemisch konservierter Industrienahrung chronisch, und werden weitere Ernährungsfehler gemacht, folgt in einigen Monaten das Asthma bronchiale. Das Zwerchfell verkrampft zum gefürchteten Zwerchfellhochstand. Das Ausatmen fällt schwer. Hat der Allergiker zum Abendessen chemisch Konserviertes gegessen und getrunken, folgen nachts Anfälle von Asthma und Schnupfen. Die Nachtruhe ist ständig gestört.

Allergene sind in folgenden Produkten enthalten:
Fruchtsaft, Limonade, Gemüsesaft, Stärkungsmittel, Wein, Südwein, Sekt, Likör;
Süßigkeiten aller Art, Pudding industrieller Herstellung;
Schmelzkäse, Schnittbrot (Toast);
billiges Speiseöl, Essig, Zitronensäure in Flaschen und Tüten;
Aufschnitt und Wurstwaren, Speck und Schinken, Kassler und Pökelfleisch;

Fertiggerichte in Plastik, Gemüse und Obst in Gläsern und Dosen;
Topfen/Quark und Joghurt mit Fruchtanteil;
China-Gerichte, Pizza mit Wurst und Schinken;
Salate, Fischkonserven, Saucen in Flaschen, Ketchup, italienisches Tomatenmark, Zwiebeln in Tuben, u.v.m.;
Pilze in Dosen und Gläsern, Meerrettich im Glas;
Baby- und Hautcreme, Reinigungsmilch und Hautöl;
gummierte Kapselschalen von Medikamenten, Nasensalben.

Die Konservierungsstoff-Allergie

Das Gebiet der Konservierungsstoff-Allergie ist kein Studienfach. Das bedeutet in der Praxis, die gezielte Therapie fehlt, die selbst in chronischen Fällen zur Ausheilung führt. Nach dem heutigen Stand der Wissenschaft therapieren Ärzte die Symptome, an die Wurzel des Übels gelangen sie nicht.

Die Forscher können den Ärzten immerhin den immunologischen Rahmen abstecken, in dem sich Allergien abspielen. Beim ersten Kontakt mit einem Fremdkörper (»Antigen« aus der chemischen Konservierung oder der allergisierenden Nahrung) schaltet sich der Abwehrapparat des Darms ein: eine ganz normale Reaktion. Sie ist eine Vorsichtsmaßnahme des Körpers gegen bestimmte Stoffe. Dabei wird eine spezifische Abwehrsubstanz (ein »Antikörper«) freigesetzt: das »sekretorische Immunglobulin-A«. Dieser Antikörper verbindet sich sowohl bei der Konservierungsstoff-Allergie als auch bei der Lebensmittel-Allergie und anderen biologischen Allergenen mit dem Antigen bereits im Darminnern und macht es dadurch unschädlich.

Meist mogelt sich jedoch ein kleiner Teil der Antigenmoleküle dennoch an der »Antikörper-Polizei« vorbei. Diese Fremdkörper gelangen über einen komplizierten

Stoffwechselvorgang in das lymphoide Darmgewebe. Bei Menschen mit entsprechender Veranlagung kann es nun zu einer krankhaften (immunpathologischen) Reaktion kommen. Die betroffenen Immunzellen produzieren einen zweiten Antikörpertyp, das Immunglobulin-E.

Diese kurz Ig-E genannte Abwehrsubstanz kommt normalerweise nur in ganz geringen Mengen vor. Das Ig-E verbindet sich nun mit dem Fremdkörper. Dann lagert sich der Antikörper-Antigenkomplex an Mastzellen an; das sind weiße Blutkörperchen, die eine sehr wichtige Rolle im Abwehrsystem des Körpers spielen. Die Mastzellen schütten daraufhin bestimmte wie etwa das Gewebshormon Histamin aus. Diese Stoffe verursachen letztlich die verschiedenen allergischen Symptome.*

Pollen und chemisch konservierte Nasensalbe haben durchaus etwas gemeinsam: sie lösen über die Nasenschleimhaut und das lymphoide Gewebe der Lunge gleiche allergische Reaktionen aus.

Wenn wir das Hautorgan in seiner Dreigliederung betrachten, dann lassen sich die Gegebenheiten besser verstehen.

Wir finden, daß in der Hautperipherie Nerven-Sinnes-Tätigkeit mit abbauenden Prozessen vorherrscht, daß in der Tiefe der Haut, gegen die Unterhaut zu, dagegen Aufbauprozesse und Stoffwechsel überwiegen. Anatomisch finden sich in den äußeren Schichten Nervengeflechte. In den inneren Hautschichten herrschen diesen gegenüber stark die Blutgefäße vor. In der mittleren Be-

* Entnommen aus: Friedrich Mühleib: Schock nach Eierspeise, »Die Zeit« 2/85

rührungszone zwischen Ober- und Lederhaut kommen Kapillaren und Nerven gleichermaßen nebeneinander vor. Hier gleichen sich rhythmisch Blut- und Nervenprozesse, Auf- und Abbauprozesse aus. Die Schweißdrüsen werden in ihrer Funktion durch Nerventätigkeit reguliert, während in den Talgdrüsen die Absonderungen durch das Blut bestimmt werden.

Schweiß und Talg gelangen auf die Hautoberfläche, bilden eine Emulsion und halten die Oberhaut geschmeidig. Der »Oberflächenfilm« entsteht also unter dem von uns gewählten Aspekt durch die Wirkung von polaren Prozessen: Blut und Nerv.

Ihr Ungleichgewicht läßt neben weiteren auch äußeren Einflüssen die Haut trocken oder fettig, kühl oder warm werden, vorzeitig altern oder jung bleiben, sklerotisch, allergisch oder entzündlich reagieren.

Krankhafte Störungen der Haut wurden bei intensiver Hautpflege bei Kleinkindern und häufig bei Erwachsenen beobachtet. Der chemische Konservierungsstoff E-320 Butylhydroxianisol (BHA) und E-321 Butylhydroxitoluol (BHT) bei Hautpflegemitteln dringt in tiefere lymphatische Hautschichten ein und führt zu allergischen Reaktionen und – Hautekzem (z.B. Windeldermatitis). Auch das Einatmen dieser Dämpfe – dafür reicht die Körperwärme aus – führt zu entzündlichen Prozessen in Nase und Bronchien. Es ist dies überhaupt die Vorstufe zur chronischen Bronchitis und zum allergischen Asthma, das mit Schüben ab dem zweiten Lebensjahr auftritt. Die Sorgen vieler Kinderärzte sind bekannt, wie sie »ohnmächtig« vor diesem Phänomen frühkindlicher, chronischer Erkrankungen stehen. Hier ist die Ursache!

Kommen später chemisch konservierte Säfte und Süßigkeiten in den Ernährungsplan, werden allergische Krankheiten auf der Basis chemischer Konservierungsstoffe *vorprogrammiert*. Auch Pseudokrupp sollte unter diesem Aspekt gesehen werden, wenn hierbei jedoch auch andere Ursachen mitwirken. So findet man in derselben Familie oder nahen Verwandtschaft den ganzen Formenkreis vorerwähnter Allergien. Die Häufigkeit und Schwere dieser Krankheiten stehen in ursächlichem Zusammenhang mit der Intensität des Konsums chemisch konservierter Industrieprodukte. Der nächste Anfall hängt ab von der Anhäufung chemischer Konservierungsstoffe im Körper.

Die Attacken von Atemnot können sich stündlich und nachts wiederholen. Episoden mit mehr oder weniger ausgeprägter Atemnot mit Husten und Auswurf können tage-, wochen-, monate- und jahrelang anhalten.

Kombinierte Verlaufsformen von Asthma, Schnupfen, chronischer Bronchitis, Entzündung der Stirn- und Nasenhöhlen, auch Darmentzündung sind durchaus möglich. Die geschwürige Dickdarmentzündung, eine Folge chemischer Konservierung, tritt in den letzten zehn Jahren immer häufiger auf und ist nach amerikanischer Praxis am besten beeinflußbar durch Nahrung ohne Konservierungsstoff.

Nach neuesten Erkenntnissen der Ursachenforschung sind diese Allergien besser, leichter und deutlicher von anderen Allergien zu differenzieren, wenn als erstes die Allergie-Heilkost als Therapie eingesetzt wird.

Allen Ärzten und Allergologen sei empfohlen, bei ersten Anzeichen von:

Asthma
Schnupfen
Bronchitis
Ekzem
Morbus Crohn

die Ernährung auf *Vollwertkost* umzustellen und die *Allergie-Heilkost* anzuwenden.
Medikamente sind allenfalls beim lebensbedrohlichen Schub notwendig, später nicht mehr.
Werden dem kranken Körper chemische Konservierungs- und Zusatzstoffe entzogen, d.h., wird die Ernährung auf Allergie-Heilkost umgestellt und wird auch die allergisierende Hautpflege weggelassen, bilden sich die beschriebenen Allergieformen in kurzer Zeit zurück. Die Anfälle werden reduziert, die Heilung beginnt.
Die Umstellung auf nicht chemisch konservierte Hautpflegeprodukte – erhältlich in Apotheken – bringt den allergischen Zustand innerhalb weniger Tage zum Abklingen. Oft genügt schon eine Umstellung auf die Pflegeserie von *Weleda**, die im Reformhandel erhältlich ist. Medikamente sind danach nicht mehr notwendig.
Je sorgfältiger bei der Allergie-Heilkost und Therapie vorgegangen wird, um so erfolgreicher geht die Heilung voran, und es muß der Grundsatz gelten, je eher die Behandlung mit der Allergie-Heilkost einsetzt, desto besser die Erfolgsaussichten.
Also muß schon ein Kleinkind normal und natürlich, *ohne Industriekost,* ernährt werden. Das ganz besonders bei vorgeschädigten Eltern.

* Hersteller-Nachweis im Anhang

Kinder sind besonders zu beobachten, weil sie vom Taschengeld am nächsten Kiosk oder Laden Süßigkeiten, Eis und Limonade kaufen, ferner im Restaurant gern Pizza, Pommes frites und Ketchup essen, Würstchen und Kartoffelsalat.
Der nächste Anfall würde provoziert und eine Heilung nie eintreten.
Das Kind muß wissen, daß noch so verlockende Fertigprodukte, Eis, bunte Süßigkeiten, Kaugummi, Brause, Limonade, Pudding, Kompott industrieller Herstellung zu meiden sind. Es muß ferner wissen, daß bei Rückfall in alte Gewohnheiten das Asthma und alle übrigen allergischen Leiden zurückkehren.
Häufig sind Kinder jedoch ansprechbarer und einsichtiger als Erwachsene, das haben Vorträge in Schulen bewiesen. Sie bringen ihr neuerworbenes Wissen über Ernährung nach Hause und diskutieren in der Familie darüber.
Auch ältere Patienten mit chronischen Leiden haben Aussicht auf Abklingen der Symptomatik, auf Heilung und Rehabilitation.
Das Absetzen und »Ausschleichen« der Medikamente gehört in die Hand des Arztes und sollte drei Wochen beobachtet werden.
Das nach Absetzen von Cortison beobachtete Herzrasen, nicht selten 120/130 Puls in der Minute, ist mit Adumbran günstig zu beeinflussen.
Angesichts der weiten Verbreitung der Konservierungsstoff-Allergien müssen die Allergologen wesentlich stärker einbezogen werden in die Koch- und Küchenpraxis. Der Allergologe in der Klinik muß wissen, welche Lebensmittel von der Küche eingekauft werden und

was der Kranke letztendlich auf dem Teller hat, und er muß auch in der Praxis gezielt Fragen an Patienten stellen und Rat geben können, wie sich der Allergiker in Zukunft zu *ernähren* hat.
Vielfach ist die Unkenntnis unter Ärzten so groß, daß im Anschluß an Untersuchungen Süßigkeiten verteilt werden, die den nächsten Anfall auslösen.

Therapie der Nase

Voraussetzung zum Abklingen der Schnupfenanfälle, der chronischen Entzündungen und Abschwellen der Nase ist die Allergie-Heilkost. Vielleicht müssen Sie anfangs noch einmal zum Abschwellspray greifen, um die Nase zu öffnen, doch die mit aggressiven Medikamenten und Abschwellmitteln geschädigten Nasenschleimhäute regenerieren sich bald. Spülungen mit Glyzerinwasser wirken leicht antiseptisch und belebend.
In der Apotheke besorgen Sie einen 30 ml Glaskolben-Nasenspüler*, 100 ml Glyzerin in einer Pipettenflasche. Beachten Sie bitte die notwendigen Hygienemaßnahmen und spülen Sie den Nasenspüler zunächst mit heißem Wasser aus. Sie lernen daran gleich die physikalischen Luft- und Strömungsverhältnisse des kleinen Geräts. Geben Sie 8-10 Tropfen Glyzerin mittels Pipette in den Nasenspüler und füllen Sie ihn mit gut lauwarmem Wasser, ohne daß er überläuft. Gespült wird jede Nasenseite. Dabei wird der Kopf in den Nacken gelegt, unter das Kinn ein Tuch zum Auffangen des Wassers gehalten, tief Luft geholt, Luft angehalten, gespült und kräftig ausgeschnaubt. Die Wirkung wird bald als erfrischend empfunden.

* Hersteller-Nachweis im Anhang

In der 1. Woche wird täglich dreimal gespült.
In der 2. Woche zweimal, in der 3. Woche einmal.
Je nach Schwere des Falls kann unbedenklich täglich einmal weitergespült werden. Normalerweise ist die Nase nach spätestens 3 Wochen Behandlung in der Funktion einwandfrei und normal luftdurchlässig. Bei konsequenter Einhaltung der Allergie-Heilkost schwillt sie nicht mehr zu. Der Flüssigkeitsgehalt der Schleimhäute ist nun wieder normal und die Schleimhäute sind normal durchblutet. Auch ein ganz normaler Schnupfen kann mit dieser Behandlung sofort kupiert werden.
Der Nasenspüler ist nach jeder Behandlung heiß zu spülen und wird anschließend in ein keimfreies Tuch gelegt, aus hygienischen Gründen das Einführstück – die Viole – nicht mit der Hand berührt. Um jegliche Infektionsgefahr zu vermeiden, den Nasenspüler vor jedem Gebrauch heiß spülen und danach erst mit Glyzerintropfen und lauwarmem Wasser füllen.

Kleiner Führer durch die Lebensmittelkonservierung

Nahrungsmittel sind »behandelt«, jeder weiß das. Das Problem ist, daß sie zuviel behandelt werden – und zwar mit chemischen Stoffen, deren Unschädlichkeit bei weitem nicht garantiert ist, besonders wenn mehrere Stoffe zusammenwirken.
Im Jahr 1971 repräsentierte der Markt chemischer Zusatz- und Konservierungsstoffe in den USA 635 Mio. Dollar. Man glaubt, daß dieser Markt 1988 mehr als 1,5 Milliarden Dollar erreicht haben wird. Wie üblich, folgen die Europäer diesem Trend. In der Bundesrepublik Deutschland wie auch in anderen Industrieländern färbt, aromatisiert, geliert, verdickt, emulsioniert und konserviert man.
Unsere Nahrungs-, Genußmittel und Getränke enthalten mehrere dieser Stoffe. Im Laufe des Tages nehmen wir Konservierungs- und Zusatzstoffe zu uns, ohne es zu wissen und mehr als wir uns vorstellen können. Eine ganz gewöhnliche Mahlzeit würde sich nach der

Neuordnung lebensmittelrechtlicher Kennzeichnungschriften,
Verordnung des Bundesministers für Jugend, Familie und Gesundheit und des Bundesministers für Ernäh-

rung, Landwirtschaft und Forsten vom 22. Dezember 1981 – BGBl. I S. 1625

folgendermaßen ausdrücken:
E 102 + E 110 + E 230 + E 250 + E 220 + Glukosesirup
E 320 + E 290 + E 338 + E 251 + E 200 + Emulgator
E 223 + E 412 + E 341 + E 321 + E 221 + Schmelzsalze

Zitronensaft ist auch nicht gleich E 330 Citronensäure industrieller Verwendung, denn dieser enthält pro Liter 300 mg E 220 *Schwefeldioxid*, schweflige Säure (Asthma!).
Der scheinheilige Zwang und die Vorschrift, die Stoffe auf der Verpackung zu deklarieren, gibt dem Verbraucher nichts. Die kleinstgedruckte Angabe der Inhaltsstoffe in irgend einer Ecke, kaum sichtbar, bei Fruchtgummi fast nur mit Lupe erkennbar, ist eine wirkliche Zumutung. Außerdem ist der Verbraucher und auch jeder Arzt unfähig, die Buchstaben und Zahlen dieser chemischen Formeln zu verstehen und zu analysieren.
Hinter dieser typografischen Maske verbirgt sich die Fragwürdigkeit des Gesetzes, denn nach der Lebensmittelgesetzgebung ist jeder Konservierungs- und Zusatzstoff verboten, der nicht ausdrücklich erlaubt ist. Genauer kann man eigentlich nicht sein.
In vielen Fällen besteht wegen der geringen Mengen auch keine gesetzliche Deklarationspflicht. Und trotzdem allergisieren diese Lebensmittel und sind Auslöser für Asthma und Schnupfen. Es gibt praktisch so viele Gesetze, Verfügungen, Rundschreiben wie Zusätze, Konservierungen und Nahrungsmittel, in denen sie in verschiedenen Mengen verwendet werden. Siehe auch

das Beispiel von Schwefelanhydrit und E 220 Schwefeldioxid, das als schweflige Säure in erheblichen Mengen vorkommt in Wein, Likör, Südwein, Apfel- und anderen Fruchtsäften, vor allem in den beliebten Fruchtlimonaden, die von Kindern bevorzugt getrunken werden.
Schon bei der gesetzlich erlaubten Dosis sind sie Auslöser für *Asthma, Schnupfen und Bronchitis.* Schweflige Säuren führen ferner zu *Darmstörungen* und *Verlust an Calcium.* Wird die Dosis überschritten und häufen sich schweflige Säuren im Körper an durch den Verzehr anderer geschwefelter Nahrungsmittel (Obst, Gemüse, Kompott in Gläsern, Backobst und Süßigkeiten), kann unter besonderen Umständen *Pseudokrupp* entstehen.
Vor Smog kann sich der Mensch noch schützen, indem er Fenster und Türen schließt, den Schäden durch die Ernährung ist er wehrlos ausgesetzt.
In allen Industrieländern, die Lebensmittel-Fertigprodukte auf gleiche Weise herstellen, besteht keine Deklarationspflicht. Es besteht ferner kein Zwang auf besondere Hinweise für die Zusammensetzung z. B. von:

Konzentrierter Milch
Fermentierter Milch
Milchpulver
Schmelzkäse
Konfekt und Konfiserien
Apfel- und Fruchtsaftgetränken
Stärkungsmitteln in Flaschen für Erwachsene und Kinder

Von den gegenwärtig 2000 aromatisierenden Substanzen, die zur Präparierung der Lebensmittel Verwen-

dung finden, wird ein zunehmender Anteil nicht als Zusatzstoffe angesehen.
Die deutsche Gesetzgebung für Aromastoffe basiert nur auf dem Gebrauchshinweis, wie sie von Fabrikanten und von Dienststellen zur Unterdrückung von Fälschungen angegeben werden. Der freie Markt innerhalb der Grenzen der Europäischen Gemeinschaft kompliziert die Dinge, denn von Land zu Land ändern sich die Bestimmungen.
Dieses schließt nicht aus, daß eine Entscheidung zur Annahme eines neuen Zusatzstoffes zunächst sehr ernstgenommen wird. Lebensmittelhygieniker nehmen dazu Stellung, indem sie Arbeiten, die in verschiedenen Ländern durchgeführt werden, Rechnung tragen. Das betrifft insbesondere Tierversuche.
Man gibt verschiedenen Tierarten während des ganzen Lebens (selbst mehreren Generationen) Versuchsprodukte ein, aber in weit größeren Mengen als für den menschlichen Verbrauch zuträglich. Aufgrund dieser Auswertungen werden Höchstmengen ermittelt. Die Normen sind streng, wenn der geringste Verdacht auf Krebs besteht,* aber die Ergebnisse von Tier auf Mensch zu übertragen, läßt immer eine Spanne Ungewißheit offen. Wie auch Asthma, Schnupfen und Bronchitis am Tier *nicht* nachgewiesen werden können. Eines Zusatzstoffes ist man nie absolut sicher in bezug auf die Unschädlichkeit und noch weniger die *Zusammenwirkung* von

* Siehe auch den Artikel über einen neuen amerikanischen Test, herausgegeben vom Institut Louis Pasteur Paris, nach Bearbeitung von Prof. Bruce N. Ames. Dieser Test beweist die Zellmutation eines Produkts, folglich auch die Neigung zu Krebs.

mehreren, die im Laufe eines Tages insgesamt vom Körper aufgenommen werde. Man kann nur nach dem heutigen Stand unserer Erkenntnis urteilen. Die Erfahrung zeigt aber, daß man sich oft getäuscht hat.
Hat man nicht auch 1916 erklärt, daß Radium genauso gut vom menschlichen Organismus vertragen wird wie die Sonne von der Pflanze? Heute weiß man, jede Überdosierung ist schädlich. Und seit der Reaktorkatastrophe von Tschernobyl haben Menschen Mühe, unbelastete Lebensmittel ausfindig zu machen.
Jahre hindurch haben auch gewisse Farbstoffe bei der Herstellung von Süßigkeiten und Butter Verwendung gefunden, ohne daß man wußte, daß sie krebserregend waren. So wurden *Amaranthe* in Rußland verboten und auch in den USA unterlagen sie einschränkenden Bestimmungen. Dieser rote Farbstoff, noch immer in Deutschland und im Raum der EG unter der Nummer E 123 erlaubt, findet vor allem bei der Herstellung von Süßigkeiten, Fruchteis und medizinischen Bädern Verwendung. Die Gefahr für Kinder wird dadurch deutlich. Sie erhöht sich noch durch die Tag für Tag absorbierte Menge um ein vielfaches.
Ein rücksichtsloser Unternehmen kann gut verdienen, denn künstliche Produkte sind billiger als natürliche. So kann er Eiernudeln *ohne* Eier, Orangensaft *ohne* Orangen, Vanille-Eis *ohne* Vanille herstellen. Den Rest besorgt dann die Farbe. Ein Beispiel: Der rote Farbstoff, das Carmine von der *Koschenille,* ein Extrakt der roten Schildlaus, die auf einem südamerikanischen Kaktus lebt oder auch auf den Kanarischen Inseln, kostet ca. 300 Mark das Kilogramm. Das künstliche Produkt dieses roten Farbstoffs ist zwanzig- bis fünfzigmal billiger.

Konservierungsstoffmengen in der Europäischen Gemeinschaft

Am Beispiel von E 220

Schwefeldioxid ist ein aggressiver Allergieauslöser, von der Lebensmittel-, Getränke- und Süßwarenindustrie überwiegend zur Konservierung benutzt: gasförmig, trokken und flüssig.

Produkt	Dosis
Wein	350 mg pro Liter
Süßer Wein	400 mg pro Liter
Likör u. Aperitif süß	450 mg (davon 100 mg ± 10% erlaubt)
Franz. Bier	100 mg pro Liter
Fruchtsaftlimonade	200 mg pro Liter
Hydromel (Met)	100 mg pro Liter
Fruchtsaft einfach	100 mg pro Liter
Fruchtsaft Qualität	50 mg pro Liter
Senf	500 mg pro Kilogramm erlaubt
Lebensmittel trocken	1000 mg pro Kilogramm
Fische trocken	1000 mg pro Kilogramm
Krabben	50 mg pro Kilogramm
Früchte trocken	2000 mg pro Kilogramm (Äpfel, Aprikosen, Rosinen)
Früchte/Konfitüre	nicht präzisiert, häufig entschwefelt
Nüsse	1000 mg pro Kilogramm
Weintrauben frisch	20 mg pro Kilogramm
Erdbeeren frisch	20 mg pro Kilogramm

Weniger Kosten, höhere Gewinne mit Segen der Verwaltung, die zu träge reagiert und Opfer ihrer eigenen Bestimmungen ist.

Ein anderes Beispiel aus Frankreich: Während des Krieges 1914 bis 1918 erlaubte man »provisorisch« die Anwendung von *Borsäure* in Bauernbutter. Immerhin ein nicht ungefährliches Antiseptikum. Achtundvierzig Jahre danach dauerte das »Provisorium« immer noch an. Erst 1964 wurde Borsäure in Butter endlich verboten.
Der Nobelpreisträger Professor *Butenandt* hat nachgewiesen, daß der Farbstoff »Buttergelb«, der lange Zeit zum Färben der Butter verwendet wurde, krebserregend war. Daraufhin wurde das Buttergelb verboten.

Der Hersteller und Fabrikant beruhigt sein Gewissen in Berufung aus das »Food-Appeal«, also Farbe, Geruch, Aroma, Geschmack, die sich *verkaufen* lassen und den Verbraucher zum Kauf anregen. Man muß zugeben, daß nicht er allein, sondern auch die Verbraucher verantwortlich sind. Die Mehrzahl unter uns läßt sich gefangennehmen von der Aufmachung eines Produkts: zunächst die Farbe, dann das Aroma. Der Geschmack verliert sich. Aroma-Chemiker behaupten, daß nur eine von zehn Personen fähig ist, den Geschmack einer Erdbeere herauszufinden, wenn die Ware z. B. gelb gefärbt ist. Eine neuere Umfrage vom Genfer Forschungsinstitut IBCM-Kommunikationszentrum hat das bestätigt. Das erzeugt nicht nur Beunruhigung bei der Gastronomie, sondern auch beim Verbraucher, für den die Nahrungsqualität gleichbedeutend ist mit Lebensqualität.

Wir verlieren die geschmackliche Wahrnehmung von natürlichen Dingen, das heißt, die Sensibilität für Geruch und Geschmack stumpfen mehr und mehr ab, sei es aufgrund innerer Faktoren, nervöser Spannung, affektivem Ungleichgewicht, Streß, oder sei es aufgrund äußerer Faktoren wie dem Mißbrauch von Arzneimitteln und Drogen, chemischer Konservierung und Luftverschmutzung.

Allergiker, die unter Asthma und Schnupfen leiden, essen ohnehin nur mit den Augen wegen des eingebüßten Geschmack- und Geruchsinns. Sie schmecken allenfalls nur süß, sauer, salzig und bitter. Die feineren Nuancierungen der Speisen können nicht wahrgenommen werden. Deshalb legt der Allergiker wert auf Farbe und Aufmachung, Zeichen scheinbarer Qualität.

Warum soll also ein Hersteller viermal mehr für ein Naturprodukt bezahlen, wenn sogar der normale Verbraucher nicht einmal den Unterschied merkt. Theoretisch sind fast alle damit einverstanden. Keine Technologie macht den Gebrauch von Farbstoffen *notwendig,* aber der Verbraucher *will* es und besonders die Kinder. Sie wählen nach möglichst bunten Farben aus. Hätten bestes Qualitätseis und Süßigkeiten blasse Naturfarben, würden sie von Kindern nicht gekauft. Das gleiche Problem gibt es bei Wurstwaren. Bevorzugt ist nicht die helle, sondern die rotgefärbte (umrötete) Wurst.

Der Hersteller weiß das, so daß er mit der Ware bis an den Rand der Verfälschung gehen kann. Und trotzdem, bei den sich weiter ausbreitenden Allergien werden strengere gesetzliche Vorschriften nicht zu umgehen sein, wie auch das Eßverhalten über die Medien gesteuert werden müßte. Die Zeit ist reif dafür, auch wenn die

Verschmutzungsprobleme von Wasser, Boden, Luft noch mehr Beachtung finden als die chemische Verseuchung unserer Nahrungsmittel und Getränke. Geht die Medienaufklärung endlich auch an dieses Problem, wird ein Umdenken in der Bevölkerung nicht mehr aufzuhalten sein. Wie sensibel sie ist für derartige Störfälle, haben die Weinskandale bewiesen und nicht zuletzt die Verseuchung des Rheins oder auch die Verschmutzung der Nordsee. Die Menschen haben die Zeichen der Zeit verstanden.

Während man sich in der Bundesrepublik Deutschland darauf beruft, die besten Lebensmittelgesetze zu haben, was in unserem Land die Menschen veranlaßt, kritiklos und vertrauensvoll alles zu essen, regen sich woanders Fachleute, die es besser wissen.

François Coustot, Direktor vom Zentral-Labor für Verbraucherschutz Frankreichs, ist als bekannter Lebensmittelchemiker ganz kategorisch: »Man muß die Zahl der Zusatzstoffe erheblich reduzieren und auch die bisher zugelassenen Höchstmengen für die Zulassung strenger kontrollieren. So sind *Amaranthe, Nitrit, Nitrat, Schwefeldioxid, Chloramphenicol* Grund zu großer Beunruhigung. Studien in französischen Labors haben das bewiesen. Bis jetzt gibt es keine Reaktion offizieller Stellen! Es ist kein schlechter Wille der Verwaltungen; diese tun unter schwierigen Bedingungen ihr möglichstes. Es fehlen Mittel und Labors.«

Die Entwicklung der Allergie-Heilkost

Ich selbst war fünfzehn Jahre lang an den vorbezeichneten Allergien erkrankt, die in ursächlichem Zusammenhang mit chemischen Konservierungsstoffen gestanden haben. Landauf, landab konnte kein Arzt helfen. Im Laufe der Jahre entstand bei mir der Eindruck, als würden Ärzte nur improvisieren und mit der Stange wie im Nebel stochern. Kliniken und Sanatorien, an der Spitze bekannte Professoren und Fachärzte, haben den Zustand oft nur noch unerträglich verschlimmert, da ihre Krankenhäuser nicht über eine angemessene Diät verfügten.

Auf nüchternen Magen gab es morgens Industrie-Apfelsaft. Zum Frühstück Wurst und Schinken, zum Mittagessen Kassler oder Pökelzunge, zum Abend Aufschnitt- oder Käseplatten mit Schmelzkäse. Später Wein oder Sekt. Es fehlten auch nicht geschwefelte Rosinen im Kuchen und Backobst zu Klößen. Dessert chemisch. Die Ärzte verteilten an Kinder bunte, gummierte Süßigkeiten und provozierten in ihrer Unkenntnis neue Schnupfen- und Asthma-Anfälle.

Jahre später stellte ich fest, daß von der Nordsee bis Berchtesgaden in Asthmatikerkliniken keine Küche mit Allergie-Heilkost anzutreffen war. In letzter Zeit

spricht man von schädlichen Süßigkeiten und vermehrt von Lebensmittelallergien, aber noch immer nicht von Konservierungsstoffen. Ich sah an der Nordsee allergiekranke Kinder und Jugendliche vom Taschengeld Pizza, Limonade und Süßigkeiten kaufen. Ohne Kenntnisse der Ursachen werden Ärzte mit der Therapie stets zu spät kommen und als stärkste Waffe Cortison einsetzen. Ich habe es jahrelang erlebt und selber spüren müssen.
Mit detektivischer Akribie machte ich mich an die Arbeit, testete an mir selbst Lebensmittel, Getränke und alles das, was im In- und Ausland zum menschlichen Verbrauch bestimmt ist. Diese Testarbeiten nahmen volle acht Jahre in Anspruch.
Ende der siebziger Jahre standen die allergisierenden Produktgruppen fest. Es waren genau zehn Produktgruppen im Raum der EG. Es stand ferner fest, daß die Supermärkte in der Organisation sich im Sortiment und in der Herstellung glichen.
Übereinstimmung auch bei der Anzahl allergischer Erkrankungen in den Ländern der Europäischen Gemeinschaft beweist den Zusammenhang der industriellen chemischen Konservierung und der Anzahl allergischer Erkrankungen. Diese Ergebnisse sind symptomatisch für alle Industrienationen, die Lebensmittel, Fruchtsaftgetränke und Süßigkeiten herstellen oder importieren.
Mein nächste Ziel war, aus den chemisch unbelasteten Lebensmittelangeboten die *Allergie-Heilkost* zu entwickeln. Nicht jeder Allergiker hat in seiner Nähe einen Neuformhandel oder Naturkostladen. Es wurde einbezogen und geprüft, was auch Supermärkte an geeigneten Lebensmitteln liefern können oder der nächste Laden an der Ecke.

Auch wenn die allergieauslösenden Produktgruppen industrieller Herstellung feststanden und die Allergie-Heilkost nun ohne große Mühe herzustellen war, fehlte die genaue Identifizierung der Allergene. Es konnte nicht behauptet werden, was nicht hieb- und stichfest zu beweisen war.
Ich wollte es ganz genau wissen. Während meine eigene Genesung große Fortschritte machte, Asthma, Schnupfen, Nebenhöhlenentzündung und Bronchitis zur Vergangenheit gehörten, kein einziges Medikament mehr notwendig war und ich nach fünfzehn Jahren Krankheit wieder wandern und Sport treiben konnte, brachte das Jahr 1981 die Wende. *Die neue Deklarationspflicht der Lebensmittel wurde Gesetz.* Hersteller wurden verpflichtet, Inhaltsstoffe ihrer Erzeugnisse mit Zutaten und Art der Konservierung anzugeben, *die jedoch nur in E-Nummern anzugeben war.*

Was verbarg sich hinter den E-Nummern?*
Nach einer Anfrage beim Bonner Gesundheitsministerium kam der Beweis. Es war dies die

> *Neuordnung lebensmittelrechtlicher Kennzeichnungsvorschriften,* Verordnung des Bundesministers für Jugend, Familie und Gesundheit und des Bundesministers für Ernährung, Landwirtschaft und Forsten zur Neuordnung lebensmittelrechtlicher Kennzeichnungsvorschriften vom 22. Dezember 1981 (BGBl. I S. 1625).

* Eine Lebensmittel-Zutatenliste »Was bedeuten die E-Nummern?« kann man für DM 1,50 bei den Verbraucher-Zentralen anfordern.

Es handelte sich um die Liste aller Industrie-Produkte, die chemisch konserviert werden.
Nach Milligramm, Gramm und Kilogramm, nach Millilitern und Litern je Produkt ließ sich das Mosaik konservierter, allergieauslösender Lebensmittel und Getränke zusammenstellen. Hinter jeder E-Nummer war der Konservierungsstoff abzulesen. Es war die *Identifizierung der Allergene*.

Überraschungen blieben trotzdem nicht aus. Wenn auch die Allergene der Konservierungsstoff-Allergien feststanden und nicht sein kann, was nicht sein darf, brachten die Überprüfungen in den Läden abweichende Ergebnisse in der Deklaration der Packungsetiketten. Einige Firmen hatten ihre Getränkeerzeugnisse nicht als chemisch konserviert oder gefärbt deklariert. Und gerade diese Produktgruppe industriell hergestellter Fruchtsaftgetränke hatte sich jahrelang als aggressive Auslöser für Asthma, Schnupfen und Bronchitis herausgestellt. Daran gab es keinen Zweifel. Was nun? Die Verbraucher mußten annehmen, der größte Teil dieser Fruchtsaftgetränke sei nicht chemisch konserviert und »pure Natur«.
Von neuem begannen Testreihen mit Fruchtsaftgetränken, auch solche der Spitzenklasse.
Gefärbte, aromatisierte Billigprodukte waren chemisch konserviert mit E 220 Schwefeldioxid und zeigten schon nach fünfzehn Minuten Sofortwirkungen, indem die Nase zuschwoll und die Bronchien asthmatisch reagierten.
Bei der Spitzenklasse ging der Test nun schon über einige Tage. Pro Tag wurde eine Flasche Fruchtsaft auf

nüchternen Magen getrunken. Der Test war so komplikationslos verlaufen, daß ich glaubte, diesen Fruchtsaft in die Allergie-Heilkost integrieren zu können.
Am sechsten Tag kam innerhalb weniger Stunden die Reaktion.
Die Allergie war mit aller Wucht zurückgekehrt. Der Zwerchfellhochstand verursachte Atemnot. Die Nase war zugeschwollen und begann zu laufen. Die Augen tränten. Das Ausatmen war erschwert, das Einatmen mühsam.
Auch wenn ich diesen Fruchtsaft sofort absetzte, brauchte mein Körper bis zum Ausscheiden des Konservierungsstoffs und Abklingen der Beschwerden einige Tage.
Ein Test mit frischen Früchten zeigte 1984 in der Selbsthilfegruppe keine allergischen Reaktionen. Die frischen Früchte wurden gut vertragen.

Allergieauslöser

Produktgruppe 1 – 2 – 3

Obst- und Gemüsesäfte, Fruchtsaftgetränke, Fruchtbrause, Nektar, Limonade, Orangen- und Zitronensaft in Flaschen, Dosen, Tüten, Brausepulver;
halbsüße und süße Aperitifs, Wein, Südwein, Likör, Cidre, Sekt, obergäriges Einfachbier, künstliche Heiß- und Kaltgetränke;
Essig.

Gefärbte, gummierte Süßigkeiten, Kaugummi, Konfekt, Konfiserien;
gefärbtes Frucht- und Speise-Eis;
Süßwaren der Medienreklame;
Joghurt mit Fruchtzusatz, Pudding und Reis in Fertigpackungen;
Pudding, Creme- und Götterspeise industrieller Herstellung, auch das Pulver in Tüten und Päckchen;
Fondanterzeugnisse, Hart- und Weichkaramellen.

Obst- und Gemüsekonserven industrieller Herstellung in Dosen und Gläsern;
Obst und Kompott in Gläsern;

italienisches Tomatenmark und Ketchup; Kapern, Zwiebeln und Meerrettich in Flaschen, Gläsern, Tuben; Kartoffeln in Gläsern; Pilze in Dosen und Gläsern – auch aus Formosa und dem Fernen Osten, das übrige Ausland eingeschlossen; chinesisches Gemüse, Paprikamark, Salate industrieller Herstellung;
Suppen, Saucenpulver in Päckchen, Dosen, Gläsern, Flaschen;
Fischkonserven und Meeresfrüchte in Dosen, Gläsern, Tuben.

Farbstoff E 102 Tartrazin
Farbstoff E 110 Gelborange S
Farbstoff E 123 Amaranth
Farbstoff E 124 Cochenillerot
Farbstoff E 131 Patentblau
Farbstoff E 142 Brillantsäuregrün
Farbstoff E 151 Brillantschwarz

E 220 Schwefeldioxid
E 221 Natriumsulfit
E 222 Natriumbisulfit
E 223 Natriumdisulfit
E 224 Kaliumdisulfit
E 300 Ascorbinsäure
E 320 Butylhydroxianisol
E 341 Calciumorthophosphate

E 210 Benzoesäure
E 200 Sorbinsäure

E 450 a-b-c Diphosphate, Polyphosphate, Triphosphate

E 472 e Monoacetyl- und Diacetylweinsäure in Margarine und Halbfettmargarine – auch in Konfiserien und Süßigkeiten, Suppen, Saucen und Fertiggerichten.

E 1414 Acetyliertes Distärkephosphat
E 1420 Stärkeacetat verestert mit Essigsäureanhydrid
E 1422 Acetyliertes Distärkeadipat für Fertiggerichte, Cremes, Desserts, Füllungen, Fruchtfüllungen, Geleeartikel, Gummibonbons, Knabbererzeugnisse.

Glukosesirup mit E 220, das heißt 400 mg schweflige Säure auf 1 kg
Gelatine mit E 220, das heißt 100 mg schweflige Säure auf 1 kg
Zitronensaft zur Weiterverarbeitung 300 mg schweflige Säure auf 1 l

Geschmacksverstärker in Suppen, Saucen, ferner Dikkungsmittel und Enzyme in Schnellgerichten allergisieren auch den Normalverbraucher, sind jedoch besonders gefährlich für *Schimmelpilz-Allergiker.* Farbstoffe sind Allergene.

Produktgruppe 4

Wurstwaren, Schinken, Speck, Leberkäs, Kassler, Pökelfleisch (Geselchtes), auch Pökelzunge und gepökeltes Eisbein, Kochschinken und alle Arten Würstchen; nitrithaltiges Schweinemett, Kalbsbrät, Tatar; Anchovis.
E 251 Natriumnitrat

E 252 Kaliumnitrat

Nitrit und Nitrat, Salpeter und Nitritpökelsalze werden Fleisch- und Wurstwaren als Konservierungs- und Umröstungsstoffe zugesetzt. Diese verhindern das Wachstum des Bakterienstammes Clotridium Botulinum, der das für den Menschen tödliche Botulismusgift erzeugt. Auch der Staphylokokkus aureus verschwindet aus Wurstwaren. Nitrit ist sehr giftig, deshalb darf reines Nitrit oder Nitritpökelsalz mit einem höheren Gehalt als 0,5% in Fleisch- und Wurstwaren nicht verarbeitet werden.
Aus Nitrit können im Körper krebserregende Nitrosamine gebildet werden.
Auch beim Braten und Grillen von Kassler und Geräuchertem entstehen krebserregende Nitrosamine.

Produktgruppe 5

Schnitt- und Toastbrot, Weißmehl und Haferflocken, halbfeuchte Fertigteige, Kuchen mit feuchter Auflage; Pizza zusätzlich mit E 251 und E 252 wie unter Produktgruppe 4.
E 280 Propionsäure
E 200 Sorbinsäure

Produktgruppe 6

Schmelzkäse, Chesterkäse, Schnittkäse, halbfeste Käse mit gelber Färbung, Käserinde.

E 251 Natriumnitrit
E 220 Schwefeldioxid
E 160 Carotinoide
E 161 Xanthophylle
E 160b Bixin, Annato, Orlean
E Schmelzsalze

Produktgruppe 7

Margarine, auch halbfette, Speiseöl, einfache Billigklasse, Mayonnaise;
Erdnußmasse, Haselnußmasse, Nougat;
Trockenkartoffelerzeugnisse, Kartoffeln, vorfritiert, Flüssigei; Öle, ätherisch, Hautcreme, Hautpflege im allgemeinen, Babyöl, Babypflege, Nasensalbe.
E 320 Butylhydroxianisol (BHA)
E 321 Butylhydroxitoluol (BHT)
E 338 Orthophosphorsäure
E 472c Mono- und Diglyceride von Speisefettsäuren, verestert
E 330 mit Citronensäure = 300 mg schweflige Säure auf 1 l
E 220 Schwefeldioxid

Produktgruppe 8

Stärkungsmittel, aktivierende Flüssigprodukte in Flaschen, Gläsern und Kapseln für Kinder und Erwachsene; auch geriatrische Mittel in Flaschen, Kapseln und Hautpflege in Tuben und Töpfchen.

E 220 Schwefeldioxid

Die Medikamenten-Kapseln werden zerbissen und auf der Zunge ausgedrückt. Leere Kapseln aus dem Mund nehmen, nicht schlucken. – Auch andere Kapseln sind von Allergikern zu testen, weil auch diese kleinsten Mengen – täglich eingenommen – Asthma und Schnupfen verursachen. Auch Nasensalben sind *nicht* zu verwenden, allenfalls zum Provokationstest an der Nasenschleimhaut. Positiv = Konservierungsstoff-Allergie.

Produktgruppe 9

Glukosesirup	– in Kompott und Eis
Glutamat	– Geschmacksverstärker (Chinasyndrom)
Modifizierte Stärke	– in Babynahrung und Fertiggerichten
Schaumverhüter	– in Konfitüre
Schmelzsalze	– in Schmelzkäse
Stabilisatoren	– in Wurst und Fertignahrung

Die aus Algen gewonnenen Alginsäuren von E 400 bis E 404 sind chemische Verdickungsmittel. Auch die anderen Nummern sind Verdickungsmittel mit chemischer Konservierung und wirken allergisierend.

E 400 Alginsäure
E 401 Natriumalginat
E 402 Kaiumalginat
E 403 Ammoniumalginat

E 404 Calciumalginat
E 405 Propylenglykol-Alginat
E 407 Carrageen
E 410 Johannisbrotkernmehl
E 412 Guarkernmehl

E 327 Calciumlactat ist cholesterin- und purinfreies Dickungsmittel (20 g Höchstmenge in 1 kg verzehrfertigem Erzeugnis). Auch dieses Mittel muß – obwohl aus dem Reformhaus – abgelehnt werden.

Produktgruppe 10

Waschmittel, Weichspüler, Reinigungsmittel im Haushalt. Zahlreiche Allergiker klagen nach der Berührung oder dem Einatmen über allergische Beschwerden. Kleinkinder leiden besonders unter dem Hautkontakt weichgespülter Wäsche, zeigen Blasen auf der Haut, haben Atembeschwerden und Bronchitis. Nicht selten wird später Asthma beobachtet, chronische Bronchitis und Nasen-Nebenhöhlenentzündung.
Sobald dem Körper die Konservierungsstoffe entzogen, das heißt durch Nahrungsaufnahme nicht mehr zugeführt werden, reinigt sich der Organismus. Der Körper entkrampft, Entzündungen gehen zurück, die Nase rinnt nicht mehr. Der gefürchtete Zwerchfellhochstand wird normalisiert, das Zwerchfell wird wieder beweglich, natürliche Atmung setzt ein.
Kinder können wieder laufen, springen, turnen und jeglichen Sport treiben; bei angepaßtem Training sogar Höchstleistungen erzielen.

Es ist bekannt, daß auch einige olympische Hochleistungssportler am Konservierungsstoff-Asthma leiden. Diesen Allergikern kann geholfen werden, indem sie ihrer guten Vollwertkost auch *die Getränke* anpassen. Diese Sportler dürfen weder Cola noch Limonade trinken und müssen sogar bei *Mineralwasser* vorsichtig sein. Auch diese sind z. T. konserviert und nicht als solche deklariert.

Es ist eine kühne wie unausrottbare Behauptung, jede Substanz der Umwelt könne Alergien auslösen. Bei mir und meiner Selbsthilfegruppe zeigte sich in aller Deutlichkeit, wenn die Umstellung der Ernährung auf Allergie-Heilkost konsequent durchgeführt und durchgehalten wurde, daß die Sensibilität gegenüber anderen Stoffen deutlich abgenommen hatte. Ohne Konservierungs- und Zusatzstoffe in der Nahrung ist der Körper deutlich widerstandsfähiger.

Um dieses Problem in den Griff zu bekommen und die Volksgesundheit zu bessern, muß auch ein staatliches Umdenken in der Entwicklung neuer Verfahren erfolgen. Erst die große Bevorratung in staatlichen Silos und die Langzeitlagerung der Produkte in den Regalen der Supermärkte machte die chemische Konservierung in diesem Ausmaß zum Nachteil der Bevölkerung notwendig.

Verzeichnis der EWG-Nummern

Aufgeführt werden in numerischer Reihenfolge die EWG-Nummern der Zusatzstoffe, die in der Bundesrepublik Deutschland verwendet werden dürfen. Erfaßt sind ferner die EWG-Nummern derjenigen Stoffe, die nach deutschem Lebensmittelrecht keine Zusatzstoffe sind. Das Verzeichnis ermöglicht die Identifizierung der aufgelisteten Stoffe anhand ihrer EWG-Nummer.

● = Allergieauslöser

	E 100	Kurkumin
	E 101	Lactoflavin (Riboflavin)*
●	E 102	Tartrazin
	E 104	Chinolingelb
	E 106	Rivoflavin-5-phosphat
●	E 110	Gelborange S
	E 120	Echtes Karmin, Karminsäure, Kochenille
	E 122	Azorubin
●	E 123	Amaranth
●	E 124	Kochenillerot A
	E 127	Erythrosin
	E 131	Patentblau V
	E 132	Indigotin I (Indigo-Karmin)
	E 140	Chlorophylle a+b
	E 141	Kupferhaltige Komplexe der Chlorophylle u. Chlorophylline
●	E 142	Brillantsäuregrün
	E 150	Zuckerkulör
	E 151	Brillantschwarz BN
	E 153	Carbo medicinalis vegetabilis
	E 160	Carotinoide:
	E 160a	Alpha-, Beta-*, Gamma-Carotin
	E 160b	Bixin, Narbixin, Annato, Orlean
	E 160c	Capsanthin, Capsorubin
	E 160d	Lycopin
	E 160e	Beta-Apo-8'Carotinal
	E 160f	Beta-Apo-8'Carotinsäure-ätylester
	E 161	Xanthophylle:
	E 161a	Flavoxanthin
	E 224	Kaliumdisulfit (Kaliumpyrosulfit oder Kaliummetabisulfit)
	E 226	Calciumsulfit
	E 227	Calciumhydrogensulfit (Calciumbisulfit)
●	E 230	Biphenyl (Diphenyl)
	E 231	Orthophenylphenol
	E 232	Natriumorthophenylphenolat
	E 233	Thiabendazol
	E 236	Ameisensäure
	E 237	Natriumformiat
	E 238	Calciumformiat
●	E 250	Natriumnitrit
●	E 251	Natriumnitrat
●	E 252	Kaliumnitrat
	E 260	Essigsäure*
	E 261	Kaliumacetat
	E 262	Natriumdiacetat
	E 263	Calciumacetat
	E 270	Milchsäure*
	E 280	Propionsäure
	E 281	Natriumpropionat
	E 282	Calciumpropionat
	E 283	Kalimpropionat
●	E 290	Kohlendioxid
	E 300	L-Ascorbinsäure*
	E 301	Natrium-L-Ascorbat
	E 302	Calcium-L-Ascorbat
	E 304	6-Palmitoyl-L-Ascorbinsäure (L-Ascorbylpalmitat)
	E 306	stark tocopherolhaltige Extrakte natürlichen Ursprungs*
	E 307	synthetisches Alpha-Tocopherol*
	E 308	synthetisches Gamma-Tocopherol
	E 309	synthetisches Delta-Tocopherol
	E 310	Propylgallat
	E 311	Octylgallat
	E 312	Dodecylgallat
●	E 320	Butylhydroxianisol (BHA)
●	E 321	Butylhydroxitoluol (BHT)
	E 322	Lecithine
	E 325	Natriumlactat
	E 326	Kaliumlactat
	E 327	Calciumlactat
●	E 330	Citronensäure*, chem. konserv.
	E 331	Natriumcitrate
	E 332	Kaliumcitrate
	E 333	Calciumcitrate
	E 161b	Lutein
	E 161c	Kryptoxanthin
	E 161d	Rubixanthin

	E 161e	Violaxanthin
	E 161f	Rhodoxanthin
	E 161g	Canthaxanthin
	E 162	Beetenrot, Betanin
	E 163	Anthocyane
	E 170	Calciumcarbonat
	E 171	Titandioxid
	E 172	Eisenoxide und -hydroxide
	E 173	Aluminium
	E 174	Silber
	E 175	Gold
	E 180	Rupinpigment BK (Litholrubin)
●	E 200	Sorbinsäure
	E 201	Natriumsorbat
	E 202	Kaliumsorbat
	E 203	Calciumsorbat
●	E 210	Benzoesäure
●	E 211	Natriumbenzoat
●	E 212	Kaliumbenzoat
●	E 213	Calciumbenzoat
●	E 214	p-Hydroxibenzoesäure-äthylester
●	E 215	p-Hydroxibenzoesäure-äthylester-Natriumverbindung
●	E 216	p-Hydroxibenzoesäure-n-propylester
●	E 217	p-Hydroxibenzoesäuzre-n-propylester-Natriumverbindung
	E 218	p-Hydroxibenzoesäure-methylester
	E 219	p-Hydroxibenzoesäure-methylester-Natriumverbindung
●	E 220	Schwefeldioxid
●	E 221	Natriumsulfit
●	E 222	Natriumhydrogensulfit (Natriumbisulfit)
●	E 223	Natriumdisulfit (Natriumpyrosulfit oder Natriummetabisulfit)
	E 334	L(+)Weinsäure*
	E 335	Natriumtartrate
	E 336	Kaliumtartrate
	E 337	Natrium-Kaliumtartrat
●	E 338	Orthophosphorsäure
●	E 339	Natriumorthophosphate
●	E 340	Kaliumorthophosphate
●	E 341	Calciumorthophosphate
●	E 400	Alginsäure
●	E 401	Natriumalginat
●	E 402	Kaliumalginat
●	E 403	Ammoniumalginat
●	E 404	Calciumalginat
●	E 405	Propylenglykol-Alginat
	E 406	Agar-Agar
●	E 407	Carrageen
●	E 410	Johannisbrotkernmehl
●	E 412	Guarkernmehl
	E 413	Traganth
	E 414	Gummi arabicum
	E 415	Xanthan
●	E 420	Sorbit
	E 421	Mannit
	E 422	Glycerin
	E 440a	Pektine
	E 440b	Amidierte Pektine
	E 450a	Diphosphate, Natrium- und Kalium-
	E 450b	Triphosphate, Natrium- und Kalium-
●	E 450c	Polyphosphate, Natrium- und Kalium-
	E 460	Mikrokristalline Cellulose, gemahlene Cellulose
	E 461	Methylcellulose
	E 466	Carboximethylcellulose
	E 470	Natrium-, Kalium- oder Calciumsalze der Speisefettsäuren
●	E 471	Mono- und Diglyceride von Speisefettsäuren
●	E 472	Mono- und Diglyceride von Spesiefettsäuren verestert mit
●	E 472a	– Essigsäure
●	E 472b	– Milchsäure
●	E 472c	– Citronensäure
●	E 472d	– Weinsäure
●	E 472e	– Monoacetyl- und Diacetyl-Weinsäure
	E 472f	– Essigsäure und Weinsäure
	E 475	Polyglycerinester von Speisefettsäuren
		Glukosesirup

(E 472a bis Glukosesirup:) soweit E 220 enthalten ist.

* Diese Stoffe gelten nach den Definitionen des LMBG nicht als Zusatzstoffe.

Wie weit sind Nahrungsmittelzusätze schädlich, d.h. Konservierungs- und Farbstoffe. Ergänzung zur E-Liste.

Code-Nr.	Name	wo verwendet	Farbe	Schädlichkeit
E 102	Tartrazine	Gebäck, Pudding, Cremespeisen, Schaum- u. Fruchtgummi	gelb	synthetisch, Allergiegefahr
E 103	Chrysoine S	Eis, Konfiserie	gelb	synthetisch
E 104	Chinolinegelb	Eis, Konfiserie	gelb	synthetisch, kaum
E 105	Gelbpulver	Eis, Konfiserie	gelb	synthetisch, kaum
E 110	Gelborange S	Eis, Pudding, Schaum- u. Fruchtgummi	orange	Allergiegefahr
E 111	Orange GGN	Eis, Konfiserie	orange	kaum schädlich
E 120	Kochenille, Karminsäure	Säfte, Wermut, Essig, Aperitifs, rote Früchte	rot	Allergiegefahr bes. m. Aspirin
E 121	Orceine	Brühen, Suppen, Konfiserie, Gebäck	rot	Naturprodukt, kaum schädlich
E 122	Azorubin	Eis, rote Früchte	rot	synthetisch, kaum
E 123	Amaranth	Eis, rote Früchte, Süßigkeiten	rot	Allergie u. Krebs, in USA u. UdSSR verboten, in EG noch erlaubt
E 124	Kochenillerot A	Wurst, Früchte, Fisch, Konfiserie, Gebäck, Süßigkeiten	rot	wie E 120
E 125	Ecarlate GN	Eis, Früchte, Süßigkeiten	rot	synthetisch, gefährlich, bleibt im Organismus
E 126	Ponceau	Süßigkeiten	rot	synthetisch, kaum
E 127	Erythrosin	Früchterot, Süßigkeiten	rot	Allergiegefahr
E 131	Patentblau V	Zucker, Süßigk., Fruchtgummi, Geleefrüchte	blau	Krebsgefahr
E 132	Indigotin	Bouillon, Tee, Gebäck	blau	synthetisch, kaum
E 141	Kupferkomplex von Chlorophyll	Gemüse in Gläsern und Dosen	grün	wegen Rückstand problematisch
E 142	Grünsäure BS	Gemüse in Gläsern und Dosen, Eis	grün	Krebsgefahr
E 150	Zuckerkulör	Wein, Bier, Schnaps, Cidre, Süßigkeiten	braun	Naturprodukt, Blähungen (Zucker)
E 151	Brillantschwarz	Schokolade, Kakao	schwarz	synthetisch, kaum, Kopfschmerzen
E 171	Titan-bioxid	Gebäckdekoration, auch in Süßigkeiten		Schwermetallrückstand
E 172	Eisenhydroxid	Oberflächendekoration		schädlich f. Leber, Niere, Darm sowie Zellatmung
E 173	Aluminium	Gebäckdekorationen	silbern	Rückstände, Gefahr für Zellatmung
E 180	Pigment Rubis	Käserinde	gelb/orange	synthetisch, kaum
E 181	Umbra	Käserinde	braun	synthetisch, kaum
E 210	Benzoesäure	Fischkonserv., Kaviar, Krabben, Schalentiere		Allergiegefahr, Ausscheidungsschwierigkeiten

Code-Nr.	Name	wo verwendet	Schädlichkeit
E 211 E 212 E 213 E 214 E 215 E 216 E 217	Natriumbenzoat Kaliumbenzoat Calciumbenzoat p-Hydroxibenzoesäure-äthylester p-Hydroxibenzoesäure-äthylester-Natriumverbindung p-Hydroxibenzoesäure-n-propylester p-Hydroxibenzoesäure-n-propylester-Natriumverbindung	Konservierung für Fischkonserven, Kaviar, Krabben, Krebse, Schalentiere	Sämtlich Allergiegefahr u. Ausscheidungsschwierigkeiten
E 220 E 221 E 222 E 223 E 224 E 226	Schwefeldioxid Schwfelanhydrid Natriumsulfit Natriumhydrogensulfit Natriumbisulfit Natriumdisulfit, Natriumpyrosulfit oder Natriummetabisulfit Kaliumdisulfit Kalziumsulfit	Konservierung für Fruchtsäfte und Fruchsaftgetränke, Fruchtbrausen, Limonade, Cidre, Weine, Liköre, Aperitifs, Mineralwasser; Entfärber und Bleichmittel; Essig, Zwiebeln, Meerrettich, Enzyme für Kunstsuppen	Allergiegefahr (Asthma, Schnupfen), Verdauungs- und Darmbeschwerden; Kalziumverlust, zerstören Vitamin B_2
E 230 E 231 E 232 E 233	Diphenyl, Biphenyl Orthophenylphenol, Natrium-orthophenylphenolat »Orthophenylphenol« »Thiabendazol«	Fäulnisverhütung, sehr breites Spektrum sowohl für Südfrüchte als auch für Fischkonserven, Salate, Margarine, Nüsse, Bot, Zwieback	Allergie- und Hautleiden, Darmleiden, wird schwer ausgeschieden
E 236 E 237 E 238	Ameisensäure Natriumformiat Calciumformiat	Konservierungsstoffe mit breitem Spektrum. In Frankreich verboten. In Deutschland erlaubt.	In kleinen Mengen kaum schädlich
E 239	Hexamethylene tetramine. In Bonner Liste Seite 12 nicht aufgeführt, aber beim Einkauf ermittelt.	Kaviar, Fischkonserven und andere Konserven	Krebsgefahr und Allergieauslöser, Asthma, Schnupfen
E 240 E 241	Borsäure Natriumtetraborat	Eingeführter Fisch und Kaviar	Antiseptisch, Vorsicht!
E 250 E 251 E 252	Natriumnitrit Natriumnitrat Kaliumnitrat	Wurst, Würstchen, Speck, Schinken, Kassler, Leberkäse, Dosenfleisch und Dosenwurst, Gepökeltes	Allergieauslöser, Asthma, Schnupfen, Ekzem, hält Wasser im Gewebe zurück
E 311 E 312	Octylgallat Dodecylgallat	Industriefett, Kunstsuppen	Ekzeme und Reaktion im Mund

Code-Nr.	Name	wo verwendet	Schädlichkeit
E 320 E 321 E 214 E 215 E 216 E 217	Butylhydroxianisol BHA Butylhydroxitoluol BHT Hydroxibenzoesäure-äthylester	Breites Spektrum von Industriefett bis Hautcreme und Püreepulver, Kapseln für Medikamente z.B. Strodival, auch Nasen- u.a. Salben, Babypflege	Allergieauslöser, Asthma, Schnupfen, Nasen-Nebenhöhlenentzündung, Bronchitis, Darmstörungen, Cholesterin; Bronchitis uns Asthma beim Kleinkind
E 330	Zitronensäure für Getränkeindustrie und Süßwarenindustrie	Als Säuerungsmittel in Konfitüre, Fruchsaftgetränken, Eis und Fruchgummi = 300 mg/l E 220 Schwefeldioxid	Allergieauslöser, Asthma, Schnupfen, Bronchitis, Darmstörungen, in Mengen Mundfäule
E 338 E 339 E 340 E 341	Orthophosphorsäure Natriumorthophosphate Kaliumorthophosphat Calciumorthophosphat	Perlende Getränke, säuernd, Puddingpulver, Cremespeisen	Durch Kondensation in Polyphosphate können Enzyme im Organismus blockieren. Allergie, Verdauungsstörungen
E 412 E 410	Guarkenmehl Johannisbrotkernmehl	Fertiggerichte, Dickungsmittel	Allergieauslöser
E 450a	Diphosphate, Kalium, Natrium	Puddingpulver, Cremespeisen	Allergieauslöser, Asthma, Schnupfen, NN-Entzug, Bronchitis, Darmstörungen
E 420	Sorbit	Lebensmittel allgemein, Hart- u. Weichkaramell, Trokkenfrüchte	Allergieauslöser
E 477	Propylenglykol	Trägerstoff für Antioxidantien in Industriefett	Steinbildend bei Glykolrückstand

Der Maßstab für die Unbedenklichkeit von Inhaltsstoffen wird in ADI-Werten angegeben: Acceptable Daily Intake und in mg/kg Körpergewicht gemessen.
ADI-Werte (Farbe in Süßigkeiten) sind in Finnland, Rußland und den USA seit Jahren verboten. In der EG (noch) erlaubt.

Hätten Sie's gewußt? – Inhaltsstoffe von Süßigkeiten

Fruchtgummi

»Hergestellt unter ständiger Kontrolle des Labors«. Dieser Aufdruck soll den Käufer überzeugen, es würde sich um ein geprüftes, hochwertiges Produkt handeln.

Die Realität ist folgende:

Glukosesirup	400 mg Schwefeldioxid auf 1 kg (Allergen)
Gelatine	100 mg Schwefeldioxid auf 1 kg (Allergen)
Citronensäure	300 mg Schwefeldioxid/1 kg (E 330) (Allergen)

E 102 Farbstoff Tartrazin, synthetisch (Allergen)
E 110 Farbstoff Gelborange S (Allergen)
E 124 Farbstoff Kochenille, synthetisch (Allergen)
E 131 Farbstoff Patentblau, in Weißzucker (krebsverdächtig)
E 132 Indigotin, synthetisch
Pflanzliches Fett, konserviert mit E 320 = Butylhydroxianisol (Allergen); Morbus Crohn

Jedem zweifelnden Kliniker wird der Test an seinen Patienten empfohlen.

Auch ***Schaumzucker*** schneidet nicht besser ab:

Glukosesirup
Gelatine
E 330 Citrone = industrieller Herstellung
E 120 Farbstoff Karminsäure
E 110 Farbstoff Gelborange S
E 124 Farbstoff Koschenillerot
E 131 Farbstoff Patentblau
E 132 Farbstoff Indigotin, synthetisch
Pflanzenfett, konserviert mit E 320 = Butylhydroxianisol (BHA); Morbus Crohn
Angaben siehe oben

Pudding der Industrie

E 339 Phosphate und Diphosphate wirken in Mengen allergisierend
E 450 a - ferner allergisierende künstliche Farben und Aromen
Klinischer Test wird dringend empfohlen.
Morbus Crohn

Lakritze

Lakritze wird von einem bekannten Unternehmen deklariert in weißer Kleinstschrift auf durchsichtigem Folienbeutel. Von Erwachsenen und Kindern kaum wahrnehmbar. Nur ein geübtes Auge entdeckt in den Zutaten Farben, Konservierungs- und Zusatzstoffe in der ohnehin reichlichen Beschriftung der Packungen. Eine offensichtliche Verschleierungstaktik der Industrie:

Glukosesirup mit E 220 Schwefeldioxid = 400 g auf 1 kg (Allergen)
Gelatine mit E 220 Schwefeldioxid = 100 mg auf 1 kg (Allergen)
Citronensaft E 330 mit Schwefeldioxid = 300 mg auf 1 kg (Allergen)
Farbstoff E 102 Tartrazin (Allergen)
Farbstoff E 110 Gelborange S (Allergen)
Farbstoff E 124 Koschenillerot A (Allergen)
Farbstoff E 131 Patentblau, in Weißzucker (Osteoporose)
Farbstoff E 132 Indigotin I (Indigo-Karmin) synthetisch
Farbstoff E 150 Zuckerkulör, schädlich für Leber
Farbstoff E 151 Brillantschwarz, wie in Schokolade
Fett mit E 320 Butylhydroxianisol (Allergen); Morbus Crohn

Léo Stars-Fruchtgummi

Die gummierte Süßigkeit stammt aus Belgien. Der Import geht über Frankreich nach Deutschland.
Sie klebte *unverpackt* auf einem 5 mal 6 cm großen Kunststoff, der folgende Angaben in Kleinstdruck enthielt:

Farbstoff E 102 Tartrazin (Allergen); Morbus Crohn
Farbstoff E 122 Azorubin (auch enthalten in Früchten und Eis)

Farbstoff E 131 Patentblau V; in Weißzucker (Osteoporose)
Farbstoff E 132 Indigotin I (Indigo-Karmin) synthetisch

Neben den gesundheitsgefährdenden Lebensmittelfarben war die unverpackte Oberfläche verschmutzt von Händen.

Milchspeiseeis Vanillegeschmack, Aprikose-Fruchteis

Dieses Fruchteis wurde im Krankenhaus im Februar 1987 als Dessert gereicht.

Zutaten:
Vollmilch, Wasser, Zucker
Aprikosenmark industrieller Herstellung mit E 220
Glukosesirup industrieller Herstellung mit E 220
Stabilisatoren
Emulgator = für schaumige Cremespeisen, naturid. E 472b
Säuerungsmittel = Citrate (Salze der Citronensäure) E 330
Farbstoff beta-Carotin, Carotinsäureäthylester E 160f; Morbus Crohn

Was verbirgt sich hinter ***Creme-Vanillegeschmack***?

Pflanzliches Fett ist konserviert mit E 320 Butylhydroxianisol
Modifizierte Stärke ist behandelt

Glukosesirup = 400 mg pro kg E 220 Schwefeldioxid Verdickungsmittel E 400 bis E 405 Alginsäure, Natriumalginat, Kaliumalginat, Calciumalginat und Propylenglykol-Alginat bilden schwerlösliche Verbindungen, die Eisenaufnahme im Körper behindert. Stabilisator E 450a = Natrium-, Kalium-, Calciumdiphosphate, E 339 = Farbstoffe E 102 = Tartrazin, Allergie, Asthma, Schnupfen
Farbstoff E 110 = Gelborange S, Allergie, Asthma, Schnupfen, Morbus Crohn

Dessert-Zitronengeschmack

Gehärtetes Pflanzenfett mit E 320 Butylhydroxianisol = Lebervergrößerung
Modifizierte Stärke = chemische Aufbereitung mit Phosphorsäure
Magermilchpulver = chemisch konserviert, wertlos
Emulgator = mit E 220 Schwefeldioxid (400 mg pro kg) = Asthma!
Verdickungsmittel E 401 bis E 404 Agar-Agar und E 407 Carragene = Darmentzündung
Stabilisator E 450a = Diphosphat = Konzentrationsstörungen, Calciumaufnahme behindert
Stabilisator E 339 = Natriumorthophosphat = Asthma, Schnupfen, Darm
Säuerungsmittel E 330 Zitronensäure künstlich = E 220 Schwefeldioxid; Mundfäule, Morbus Crohn

Zitronencreme, künstlich

Modifizierte Stärke
Speisegelatine = E 220 Schwefeldioxid 100 mg pro kg Asthma, Schnupfen
Säuerungsmittel E 330 = Zitronensäure gewerblich, chemisch konserviert mit Schwefeldioxid
Farbstoff E 102 = Tartrazin, Allergie, Asthma, Schnupfen, Bronchitis, Morbus Crohn

Götterspeise Kirschgeschmack

Gelatine
Säuerungsmittel E 330 = chemisch konserviert mit Schwefeldioxid (300 mg/1 kg); Asthma, Morbus Crohn
Aroma naturidentisch, künstlich
Farbstoff E 102 = Tartrazin, Allergie, Asthma, Schnupfen, Bronchitis, Morbus Crohn
Farbstoff E 123 = Amaranth, Asthma, Schnupfen, Krebs; in USA verboten

Götterspeise Waldmeister

Gelatine
Säuerungsmittel
Aroma naturidentisch, künstlich
Farbstoff E 102 = Tartrazin, Allergie, Asthma, Schnupfen, Bronchitis
Farbstoff E 110 = Gelborange S, Allergie, Asthma, Schnupfen, Bronchitis, Morbus Crohn

Farbstoff E 131 = Patentblau, Allergie und Krebsgefahr

Brause, Brausepulver

Säuerungsmittel künstliche Zitrone = E 220 Schwefeldioxid
Farbstoff E 102 = Tartrazin; Allergie, Asthma, Schnupfen, Bronchitis
Farbstoff E 110 = Gelborange S; Allergie, Asthma, Schnupfen, Bronchitis
Farbstoff E 122 = Azorubin; Allergie, Asthma, Scnupfen, Ekzem
Farbstoff E 124 = Kochenillerot A; Allergie, Asthma, Schnupfen
Farbstoff E 131 = Patentblau, Krebsgefahr
Farbstoff E 151 = Brillantschwarz BN; Allergie, Asthma, Schnupfen, Morbus Crohn

Milchschnitte

Kondensierte Milch = wertlos
Pflanzenöl, chemisch konserviert mit E 320 Butylhydroxianisol (BHA); Allergie
Weizenmehl aus Auszugsmehl = wertlos und chemisch behandelt
Vollei, chemisch konserviert
Emulgator = Mono- und Diglyceride von Speisefettsäuren mit E 220 Schwefeldioxid; Morbus Crohn
Die Ware ist deklariert: Ohne Farb- und Konservierungsstoffe!!!

Eis »Großmaul«

mit der Aufschrift: »Offizieller Lieferant der Olympiamannschaft der Bundesrepublik Deutschland 1988«.
Zutaten:

Entrahmte Milch	= wertlos, weil pasteurisiert und konserviert
Heidelbeeren	= chemisch konserviert mit E 220 Schwefeldioxid
Erdbeeren	= chemisch konserviert mit E 220 Schwefeldioxid
Schokolinsen	= chemisch konserviert mit E 124 Kochenillerot = Allergie
Glucosesirup	= chemisch konserviert mit E 220 Schwefeldioxid = Schnupfen
Stabilisatoren	= chemisch konserviert mit E 220 Schwefeldioxid = Bronchitis
Emulgator	= chemisch konserviert mit E 220 Schwefeldioxid = Bronchitis
Zitronensäure	= chemisch konserviert mit E 220 Schwefeldioxid = Darmentzündung
Rote Beete-Saft	= chemisch konserviert mit E 220 Schwefeldioxid = Asthma
Farbe Carotin	= gefärbt mit E 160 synthetisch
Aromastoffe	= naturidentisch = künstliche Herstellung

Packung: Rotgefärbtes dünnes Papier 8 x 20 cm, Gewicht insgesamt 48 g
Form: Länglicher Umschlag
Verschluß: Gestanzt, nicht dicht

Allergisierend! Morbus Crohn
Alle vorbezeichneten Süßspeisen machen *süchtig!*

Werden solche Spuren mit Beharrlichkeit und detektivischer Intensität weiterverfolgt, wie ich es über viele Jahre getan habe, werden auch chemisch konservierte Produkte aus dem Ausland entdeckt, z.B. Champignons aus Formosa und andere Fertiggerichte aus dem Fernen Osten.
Auch italienisches Tomatenmark war nicht einwandfrei. Es enthielt keinen Konservierungsstoff, war aber als Produkt in unlackierten Messingdosen, oxidierend und allergisierend. Bei Versuchen traten Schnupfenanfälle auf.
Tomatenmark gehört wegen der Säure und Oxidation in eine lackierte Dose, wie bei Tomatenmark der Firma EDEN,* erhältlich im Reformhandel. Nach dem Versuch mit diesem Tomatenmark traten Schnupfenanfälle nicht mehr auf.
Aggressive Allergieauslöser sind sämtliche Salatsaucen industrieller Herstellung, ferner Tomatenketchup, Speiseessig und Speiseöl billiger Herstellung. Salatöl in Plastik- oder hellen Glasflaschen ist stets chemisch konserviert. Salat mit diesem Öl und Essig wird bei allergiegefährdeten Menschen Anfälle von Schnupfen und Asthma nach sich ziehen, chronische Bronchitis und Nasen-Nebenhöhlenentzündung »zementieren«, Morbus Crohn auslösen.
Unbedenkliches Speiseöl – schonend kaltgepreßt – wird stets in Blechdosen und dunklen Glasflaschen angebo-

* Firmen-Nachweis im Anhang

ten. Es hat seinen Preis, kostet in der 0,7-l-Dose um die 10 Mark, ist diesen Preis aber wert, denn es hat einen hohen heilerischen Wert bei allergischen Leiden aller Art, die ihre Ursachen in chemischer Konservierung haben. Von anderen unbedenklichen Lebensmitteln wird noch die Rede sein.

Die Allergie-Heilkost

»Am Anfang jeder Kochkunst steht die Natur – eine Küche kann nicht besser sein als die Produkte, von denen sie ausgeht.«

Eckart Witzigmann,
»Kulinarische Kreationen«

Der Ernährungswissenschaftler Professor *Kollath* hat den berühmten Satz geprägt:
Es gibt Nahrungsmittel und Lebensmittel!
Diese Differenzierung überrascht zunächst, doch bei näherer Betrachtung leuchtet sie ein. Denn nicht alles, was uns nährt, ist auch lebendig. Nehmen wir zum Beispiel das Getreidekorn. Das volle Korn besteht aus dem Mehlkern, der Kleie und der Schale mit dem Keim. Gerade in der Randschicht des Korns finden sich die wertvolle Vitamine, besonders das B-Vitamin *Aneurin,* auch Nervenvitamin genannt, ferner Mineralstoffe wie *Kalium, Phosphor, Eisen.* Beraubt man nun das Korn dieser Vitalstoffe durch Ausmahlen und Bleichen, bleibt von seiner lebendigen Einheit nur noch das leere Kohlenhydrat übrig.
Diese leeren Kohlenhydrate sind es, die dick machen, weil der Körper sie nicht völlig verbrennen kann und sie deshalb als Fett auf den bekannten Stellen deponiert. Das Kohlenhydrat in seiner Ganzheit dagegen wird vom Körper restlos in Glykogen umgewandelt, lagert sich also nicht als Fett ab.
Welch wunderbare Lebenskraft im vollen Korn steckt, beweisen die Grabfunde in den Pyramiden. Man ent-

deckte dort Getreidekörner, die ihre Keimfähigkeit über Jahrtausende bewahrt hatten.
Ein anderes Beispiel für das Degradieren eines Lebensmittels zu einem bloßen Nahrungsmittel bietet der Zukker. Gegen das Zuckerrohr und gegen die Zuckerrübe in seiner Ganzheit wäre nichts einzuwenden, denn diese Pflanzen liefern selbst die Vitamine und Minerale mit, die der Körper zu ihrer Verarbeitung benötigt.
Anders ist es beim handelsüblichen Kristallzucker; fein und weiß enthält dieser reine Zucker weder Vitamine noch Minerale. Der Körper muß also in diesem Fall körpereigene Vitamine und Minerale mobilisieren. *Und das tut er, indem er sie dem Knochengerüst und den Zähnen »entreißt«.* Denn unser Knochengerüst hat nicht nur eine Stützfunktion, es ist zugleich *Vitamin- und Mineraldepot.* Man kann sich vorstellen, welchen Raubbau es bedeutet, wenn dieses Reservedepot ausgeplündert wird. Daher besteht ein unleugbarer Zusammenhang zwischen dem Genuß von raffiniertem, geblautem Zukker und Knochenschäden, der gefürchteten Osteoporose und Zahnkaries.
Womit sollen wir denn nun süßen? Am besten ist *Honig.* Wo der Honiggeschmack stört, wird Fruchtzucker genommen. Der ist etwas teurer, dafür ist aber seine Süßkraft stärker.
Ein ähnliches Schicksal wie dem Getreidekorn und der Zuckerrübe lassen wir dem Reis widerfahren. Während die astiatische Bevölkerung den Reis in seiner Naturform verzehrt und damit eine ausreichende Ernährungsgrundlage hat, genießen wir ihn poliert und ohne Randschicht als fast wertloses Kohlenhydrat.
Man könnte dauernd den Kopf schütteln, wenn man

sich klarmacht, was der Mensch, ein intelligentes Wesen, tut, um alles Lebendige und Nützliche – und damit auch sich selbst – zu vernichten. Gedanken- und bedenkenlos nimmt er chemische Konservierungs- und Zusatzmittel zu sich, Farben und künstliche Aromen. Man sagt, diese Stoffe seien für die Volksgesundheit unumgänglich, und das ganze Gegenteil ist der Fall, was diese Studie beweist: *Noch nie gab es so viele Allergiekranke.*
Eine verantwortungslose Nahrungsmittelindustrie tut das ihre und die unwissende Hausfrau, der sorglose Verbraucher besorgen den Rest. Was die einen zu zerstören nicht geschafft haben, vollenden die anderen, indem sie, was noch am Leben ist, zu Tode kochen, bis auch hier nur noch »Nahrungsmittel« übrigbleiben.
Ganz fragwürdig sind chemische Farbstoffe zur optischen Verschönerung von Süßwaren, Pudding, Torten, Konfitüre und Speise-Eis.
Als wichtiger Bestandteil unserer Lebensmittel müssen die Fette erwähnt werden. In ihrer natürlichen Form bieten sie sich uns in Nüssen, Oliven und Samen der Ölfrüchte an. Natürlich können wir unseren Fettbedarf schlecht allein mit Nüssen, Kürbis- und Sonnenblumenkernen decken, aber die aus diesen Samen kalt gepreßten Öle sind die gesündesten. In der modernen Küche spielt auch das Öl der in Kalifornien geernteten Färberdistel eine dominierende Rolle.

Kleine Lebensmittelkunde

Gesundheit heißt:
mit wachem Verstand einkaufen,
Gesundheit heißt auch, mit Liebe und Phantasie
die täglichen Mahlzeiten bereiten!

Wir haben gerade festgestellt, daß es um die Qualität unserer Nahrungsmittel nicht zum besten steht. Die appetitlichen Farben, leuchtende Kinderaugen oder gesunde Menschen auf irgendwelchen Industrieprodukten sagen nichts über die oft minderwertige Ware aus. Die Konsequenz ist, daß Lebensmittel aus biologischem Anbau in immer größeren Mengen den Markt erobern. Der Verbraucher sollte jedoch wissen, daß Salat und Gemüse aus biologischem Anbau schneller welkt als chemisch behandeltes, knackiges Grünzeug agrarischer Großbetriebe. Sie sollten auf Frische achten und, wenn möglich, mit einem Gemüsehändler, Reformhaus oder Bio-Landwirt eine Vereinbarung treffen, Ihnen jede Woche je nach Saison Gemüse, Salat und Obst zu besorgen. Meist kann man gleich Eier von freilebenden Hühnern mitnehmen, oder man erfährt, wo sie zu haben sind. Oft bekommt man dort auch frischgeschlachtetes Geflügel. Vielleicht finden Sie in Ihrer Nähe auch einen Bio-Metzger, der Fleisch aus natürlicher Aufzucht und biologisch weitgehend einwandfreie Wurstwaren anbietet.

Der Körper lehnt Säure ab

Die alten Volksweisheiten: »Gib ihm Saueres«, oder »Er ist sauer« deuten bereits auf den negativen Aspekt der säurehaltigen Nahrungsmittel hin. Obwohl der Körper nicht sauer sein will, muten wir ihm unbekümmert einiges zu und ernähren ihn überwiegend sauer, in der trügerischen Hoffnung, daß der süße Zucker schon einen Ausgleich schaffe. Der Körper, in dieser Weise malträtiert, kann gar nicht anders – er rächt sich mit allen möglichen Krankheiten, die der Arzt mit einer Vielzahl von Medikamenten unterdrückt, obwohl eigentlich nur die Ernährung umgestellt werden müßte. Alles, was dem Organismus an Nahrung zugeführt wird, bildet im Körper ein mehr basisches oder saures Milieu. Gesundes Blut sollte jedoch einen pH-Wert von 7,33 haben – das hat der Wissenschaftler Dr. Bircher-Benner nicht nur bestätigt, sondern auch hinzugefügt, daß dieser Wert nur über die Ernährung erreicht werden kann.

Die Meßreihen nach den Forschungen des schwedischen Mineralstoffwechselforschers Dr. Ragnar Berg sind jedoch längst überholt. Er arbeitete noch nach der quantitativen Analyse. Leider hat man in Reformkreisen diese Tatsache noch immer nicht erkannt und bleibt bei Ragnar Bergs veralteten Theorien.

Mit dem bekannten Lackmuspapier oder dem Universalindikatorpapier aus der Apotheke kann jeder selbst die pH-Werte von Nahrungsmitteln auf einer Skala von 1 bis 4 feststellen. Feste Nahrungsmittel, Getreide und Nüsse werden frisch gemahlen und bei 18°C Zimmertemperatur in destiliertem Wasser aufgeschlämmt.

Es ist mir ein Anliegen, auf die Schriften von *Fred W.*

Koch hinzuweisen und auf die gesundheitlichen Erfolge seiner Anhänger. Von ihm erfahren wir es exakt.

pH-Werte – Meßreihen wichtiger Nahrungsmittel

Gemüse
4,7 Tomaten
5,6 Meerrettich, frisch
5,6 Gurken
6,2 Zwiebeln
6,5 Kartoffeln (gekocht=6,1)
6,6 Patinaken
6,6 Topinambur
6,7 Rotkraut
6,8 Rote Bete
6,8 Karotten
6,8 Sellerie
6,8 Weißkraut
6,9 Kohlrabi (gekocht=6,6)
6,9 Erbsen (gekcht=6,0)
6,9 Endivien
6,9 Zuckerhut
7,0 Feldsalat

Nüsse, Samen, Fett
6,3 Leinsamen
6,4 Erdnüsse
6,4 Pinienkerne
6,5 Mandeln
6,5 Cashewkerne
6,7 Sonnenblumenkerne
6,8 Haselnüsse
6,9 Sesam

Getreide, Brot
5,9 Weizenkeimbrot
6,2 Gerste
6,2 Weizen
6,4 Roggen
6,4 Hirse
6,5 Weizenkeime
6,5 Hafer
6,6 Buchweizen
6,6 Weizenknäcke/Batscheider
6,7 Vollkornknäckebrot/Studt
6,7 Haferflocken, frisch
6,7 Grünkern
6,9 Reis

Obst, Südfrüchte, Honig
3,0 Himbeeren
3,1 Apfelsinen
3,6–4,1 Äpfel (je nach Sorte)
3,8 Kiwi
4,9 Birnen
4,8 Süßkirschen, reif
4,8 Erdbeeren, reif
4,0 Rote Johannisbeeren
4,3 Schwarze Johannisbeeren
4,1 Dörrpflaumen
4,1 Rosinen
4,9 Spätzwetschgen
5,3 Feigen
5,8 Bananen
5,8 Honig
6,0 Melonen
6,3 Datteln

Säure- und basenbildende Lebensmittel

Leider ernähren sich die meisten Menschen ausgesprochen unausgewogen und führen dem Organismus zu viele säurebildende Nahrungsmittel zu. Ohne zu wissen, warum, fühlen sie sich dann nicht wohl und konsultieren einen Arzt, der Medikamente verordnet, um die Symptome zu bekämpfen. Hier wäre aber eine eingehende Ernährungsberatung wesentlich sinnvoller.
Bei der täglichen Nahrungszufuhr sollte man möglichst genau darauf achten, daß sich Säuren und Basen die Waage halten. Um Ihnen das zu erleichtern, sind nachfolgend die verschiedenen säure- bzw. basenbildenden Nahrungsmittel aufgelistet.

Säurebildende Lebensmittel

Jedes Fleisch, Wurst, Schinken, Speck, Fleischbrühe, Geflügel, Eiweiß, Hummer, Krebs, Languste, Krabben.
Pasteurisierte Milchprodukte, ultrahocherhitzte Sahne, H-Milch, Joghurt, Kefir, Butter, Käse, Quark, Topfen.
Gegorene Früchte, saures Gemüse, Sauerkraut, Erdbeeren, Preiselbeeren.
Hülsenfrüchte: Linsen, weiße Bohnen, Adukibohnen.
Getreide: Reis, Gerste, Hafer, Weizen, Roggen und alle Auszugsmehle, Brot, Vollkornbrot, Teigwaren, Kuchen.
Samen: Leinsamen, Sesam, Kürbiskerne, Sonnenblumenkerne. Gehärtetes Fett.
Zucker: Weißer Zucker, brauner Zucker, Rohrzucker,

Milchzucker, Malzsirup, Ahornsirup, Traubenzucker, Melasse.
Getränke: Kaffee, schwarzer Tee, Hagebutte und andere Teesorten, Kakao, Alkohol, Likör, Wein, Limonaden.
Süßigkeiten: Sämtliche Sorten Süßigkeiten, Konfekt, Schokolade, Gummikonfekt, Lakritze, Kaugummi.
Alle gekochten Gemüse, gekochtes Obst, Obstsaft, erhitzt.
Nüsse: Erdnüsse, Walnüsse, Haselnüsse.

Basenbildende Lebensmittel

Rohes Gemüse und alle Blattsalate, Kartoffeln roh und gekocht.
Frischmilch, Sahne, Butter, Käse aus nicht pasteurisierter Milch.
Früchte: Äpfel, Bananen, Birnen, Kirschen, Weintrauben, Pfirsische, Pflaumen, Himbeeren, Brombeeren, Heidelbeeren, Holunderbeeren, Ananas, Aprikosen, Melonen, Feigen, Rosinen, Weinbeeren, Datteln.
Nüsse: Kokosnuß, Walnüsse frische Ernte (Schälnüsse)
Getreide: Hirse, Buchweizen und alle gekeimten Samen aus Hafer, Gerste, Weizen.
Honig
Mandeln
Frisches Eigelb
Hülsenfrüchte: Sojabohnen, Saubohnen
Kaltgeschlagenes Speiseöl
Faustregel: Je sonnengereifter Obst und Beeren sind, um so basischer sind sie. Unreifes Obst ist säurebildend,

ausgenommen Bananen, auch wenn sie künstlich nachreifen; sie sind in jedem Falle basisch.*

Tägliche Aufnahme von Säuren und Basen

Bei der Nahrungszusammenstellung ist die Ausgeglichenheit von säure- und von basenbildenden Energieträgern sehr wichtig. Aber es sind auch noch andere Faktoren von entscheidender Bedeutung.

Säuren, die im Organismus entstanden sind und nicht durch Basen »aufgehoben«, das heißt neutralisiert werden, müssen ausgeschieden werden. Dafür sind die Nieren, aber auch das Porensystem zuständig. Die Haut als Ausscheidungsorgan wird oft unterschätzt, aber gerade die Poren sondern durch den sauren Schweiß Säure aus und leisten so einen sehr wichtigen Beitrag zum Ausgleich des Säure-Basen-Haushalts im menschlichen Organismus. Die Schweißabsonderung wird durch körperliche Bewegung angeregt. Bewegung spielt also nicht nur in einer Hinsicht eine große Rolle für die Gesundheit – bei entsprechender körperlicher Anstrengung kann über das Porensystem sogar mehr Säure ausgeschieden werden als über die Nieren. Man kann also, wenn man bei der Nahrungsaufnahme den Säure-Basen-Haushalt durcheinander gebracht hat, durch körperliche Übungen und Sport die Regulierung beschleunigen.

Bei Kindern macht sich die erhöhte Säurezufuhr erst als Karies bemerkbar. Aber Kinder bewegen sich in der Re-

* Aus Haas, »Gesund durch alle vier Jahreszeiten

gel mehr als Erwachsene und scheiden deshalb auch mehr überschüssige Säure durch die Poren aus. Bei Erwachsenen hingegen ist – sei es wegen einer überwiegend sitzenden Tätigkeit oder wegen der Trägheit, die oft mit Übergewicht einhergeht – die Säureausscheidung zu gering. Es ist also für Menschen, die keinen Ausgleichssport betreiben wollen und können, besonders wichtig, sich mit mehr basenbildenden Nahrungsmitteln zu ernähren.
Psychische Probleme, die in unserer Zeit ja leider sehr häufig auftreten, haben auch Einfluß auf den Säure-Basen-Haushalt im Organismus.
Seelische Belastungen werden umgesetzt in Säurebelastungen. Der Volksmund sagt ganz treffend: »Er ist sauer.« Ärger und Streß führen ohne ausgewogene Ernährung ins saure Milieu. Und wer der irrigen Annahme ist, sein Frühstück brauche nur aus einer Tasse Kaffee zu bestehen, wird rasch merken, daß sein Körper von immer häufigeren und länger andauernden Krankheitsphasen heimgesucht wird.
Der Umsatz von Eiweiß findet überwiegend in den Zellen statt. Der Abtransport der Säuren erfolgt durch das Blut. Ist aber im Laufe des Lebens bei saurer Ernährung, z. B. durch den Genuß von zuviel Fleisch, Arteriosklerose (= Auskleidung der Blutgefäßwandungen mit Cholesterin) eingetreten, können die Säuren nicht mehr in ausreichender Menge abtransportiert werden.
Wer diese Zusammenhänge erkennt, dem ist klar, daß die Grundgleichung von Säuren und Basen weitgehend ausgeglichen sein muß.

Eiweißüberernährung

Nicht das Fett, sondern die Eiweißüberernährung führt zu Herzinfarkt, Arteriosklerose, Stoffwechselstörungen, Prostata-Hypertrophie. Professor Dr. Lothar Wendt von der Universität Frankfurt stellte in umfangreichen Untersuchungen fest, daß die Erhöhung des Blutdrucks und die Entwicklung des Herzinfarkts eine Folge von Eiweißüberernährung und Eiweiß-Stoffwechselstörungen sind. Für die meisten Europäer ist das Fleisch der wichtigste Eiweißlieferant. Je reicher der Tisch mit Fleisch, Wurst und anderen tierischen Erzeugnissen gedeckt ist, desto höher steigt der Eiweißanteil im Blut. Die Zahl roter Blutkörperchen wird größer und das Blut dickflüssiger. Der Fleischkonsum hat in den letzten zehn Jahren sehr zugenommen. Bisher glaubte man, daß ein Überangebot von Eiweiß der Gesundheit nicht schaden könnte. Deshalb werden immer mehr Milchprodukte verzehrt, die auch sehr viel tierisches Eiweiß enthalten und aus diesem Grunde gefährlich sind, verzehrt. Der Umsatz von Quark (Topfen) hat sich in den letzten Jahren um 56% erhöht, der von Joghurt sogar um 216%.

Welche Folgen hat das für den Körper? Professor Wendt meint: »Jede einzelne der Billionen Körperzellen will beköstigt sein, will atmen und verdauen – genau wie der Mensch, nur im Miniformat. Für den Abtransport der Nährstoffe und des Sauerstoffs zu den Zellen sowie für den Abtransport von Zellmüll und Schlacken stehen rund fünf Billionen fleißige Kleinstlaster in Form roter Blutkörperchen zur Verfügung. Alle Straßen des Blutes beginnen im Herzen mit der 50 cm langen Aorta. Diese

Hauptstraße verzweigt sich in die Arterien, die von einigen Zentimetern bis zu einem halben Meter lang sind. Diese kleinsten Arterien verästeln sich weiter bis zu den wenige Millimeter langen Arteriolen. An diese schließt sich das dichte Netz der Kapillaren an.«

Die Wände dieser Kapillaren haben nach Prof. Wendt vier hochwichtige Aufgaben: Eine Zellschicht der Wände bildet eine Kläranlage für Substanzen, die vom Blut herangeführt werden. Eiweiß wird hier umgebaut und auf der durchlässigen Membran bis zur weiteren Verwendung gespeichert. Automatisch wird von hier aus die Durchlaufmenge des Filterstroms nach dem Bedarf im Versorgungsbereich gesteuert. Der Blutdruck kann dank der angelagerten Eiweißspeicher ausgeglichen werden. Das Speichereiweiß wird durch das Gewebe in transportables Eiweiß umgewandelt und steht zur Verfügung. Übersteigt nun das Eiweiß, das wir unserem Körper zuführen, ständig die Eiweißnachfrage in den Geweben, kann infolge vermehrter Eiweißauflagerung deren Durchlässigkeit vermindert werden. Dadurch wird jedoch die Ernährung der Zellen im Versorgungsbereich vermindert. Als Notmaßnahme erhöht der Organismus den Blutdruck. So entwickelt sich aus der Eiweißüberernährung allmählich der Bluthochdruck selbst schon bei Kindern. Und dieser ist der Risikofaktor Nummer eins für alle möglichen Krankheiten, auch für den plötzlichen Herztod durch Herzinfarkt.

Bei ersten Warnsignalen ist die tägliche Fleischration zu verringern; noch wirksamer ist es, einen Monat lang streng vegetarisch zu leben. In dieser Zeit sollte man ganz auf tierisches Eiweiß, also auch auf Milch und Milchprodukte, Quark, Käse, Joghurt und auf Eier, ferner auf Fisch, Muscheln, Krebse und andere Meerestiere verzichten.

Nicht nur Professor Wendt hat erkannt, daß Eiweißüberernährung sich ausgesprochen ungünstig auf den menschlichen Organismus und die Gesundheit auswirkt. Viele Weise und Erzieher der Menschheit in Vergangenheit und Gegenwart waren und sind Vegetarier. Heilkundige warnen schon seit altersher vor übertriebenem Fleischkonsum und empfehlen Fleischfasten als vorbeugende und heilende Maßnahme gegen Krankheiten und Unwohlsein.

Es muß nicht immer Fleisch sein

Eiweiß in 100 Gramm eßbarer Substanz

Äpfel, vollreif	0,3 g	Spinat	3,2 g
Bananen	1,1 g	Tomaten	1,1 g
Birnen	0,5 g	Zwiebeln	1,5 g
Erdbeeren, vollreif	0,7 g	Champignons	2,8 g
Kirschen, süß	0,2 g	Hühnerei	12,9 g
Pflaumen, vollreif	0,7 g	Kuhmilch	3,1 g
Zitrusfrüchte	1,1 g	Schafsmilch	5,0 g
Blumenkohl	2,7 g	Walnüsse	14,8 g
Rosenkohl	4,7 g	Vollreis	7,5 g
Weiß- und Rotkohl	1,4 g	Hirse	10,6 g
Kohlrabi	2,0 g	Weizen	11,7 g
Karotten	1,0 g	Roggen	9,3 g
Kartoffeln	2,1 g	Hafer	12,6 g
Grüner Salat	1,3 g	Gerste	10,6 g
Rote Bete	1,6 g	Mais	9,2 g
Spargel	2,1 g		

Nach Prof. Lothar Wendt: „Die Eiweißspeicher-Krankheiten". Nach Dr. Werner Kollath „Getreide und Mensch". Zusammenstellung: „Documenta Geigy"

Vitamine und Mineralien

Welche Vitamine und Mineralien Sie im Einkaufskorb nach Hause tragen, können

		Vitamin A mg/kg	Vitamin B_1 mg/kg	Vitamin B_2 mg/kg	Vitamin B_3 mg/kg
Radieschen	Tabellenwerte	100	0,40	0,40	3,00
	Freiland	0	0,05	0,30	1,95
	Treibhaus	0	0,10	0,10	2,60
Paprika	Tabellenwerte	4200	0,80	0,80	4,00
	Freiland	6497	0,05	0,20	3,03
	Treibhaus	4156	0,17	0,10	1,10
Blumenkohl	Tabellenwerte	600	1,10	1,00	6,00
	Freiland	238	1,29	0,90	3,60
	Treibhaus	489	1,05	0,80	3,80
Tomaten	Tabellenwerte	9000	0,60	0,40	6,00
	Freiland	9363	0,13	0,20	3,41
	Treibhaus	1968	0,12	0,10	6,71
Kopfsalat	Tabellenwerte	9700	0,60	0,70	3,00
	Freiland	13780	0,10	0,10	2,65
	Treibhaus	8800	0,15	0,10	3,10
Gurken	Tabellenwerte	3000	0,40	0,50	2,00
	Freiland	255	0,55	0,15	1,89
	Treibhaus	66	0,02	0,06	4,17
Johannisbeeren	Tabellenwerte	1200	0,40	0,20	3,00
	norm. Anbau	1444	0,32	0,10	2,78
	biolog. Anbau	1227	0,35	0,15	2,90
Aprikosen	Tabellenwerte	25380	0,28	0,47	6,60
	norm. Anbau	25954	0,11	0,38	3,33
	biolog. Anbau	24850	0,15	0,40	4,10
Pfirsiche	Tabellenwerte	7656	0,17	0,44	8,70
	norm. Anbau	1052	0,17	0,08	3,95
	biolog. Anbau	852	0,05	0,28	1,71
Erdbeeren	Tabellenwerte	600	0,30	0,70	6,00
	norm. Anbau	134	0,27	0,12	2,03
	biolog. Anbau	256	0,25	0,30	4,82
Weintrauben	Tabellenwerte	1000	0,50	0,20	3,00
	norm. Anbau	309	0,14	0,04	1,52
	biolog. Anbau	460	0,04	0,02	1,57
Birnen	Tabellenwerte	182	0,18	0,36	0,90
	norm. Anbau	0	0,39	0,05	0,81
	biolog. Anbau	0	0,12	0,13	0,55

Sie einer Tabelle entnehmen, die in der Illustrierten „BUNTE" veröffentlicht wurde.

Vitamin C mg/kg	Natrium mg/kg	Kalium mg/kg	Magnesium mg/kg	Calcium mg/kg	Mangan mg/kg	Zink mg/kg
260	150	2600	150	300	0,5	
201	204	3172	205	23	1,2	1,0
136	188	4270	445	934	0,0	1,7
1280	42	1860	120	90	1,3	
1728	19	2388	169	9	0,6	1,8
1441	20	3451	437	79	0,7	2,8
780	160	4000	70	250	1,7	
98	58	4661	176	79	2,0	2,1
287	25	2688	175	91	1,0	0,4
230	30	2680	110	130	1,9	
225	19	3092	145	8	0,0	0,4
104	22	2814	111	10	0,0	3,5
80	120	1400	100	350	8,0	
53	24	1717	142	197	0,0	2,3
65	65	2636	470	268	1,5	1,4
80	50	1400	90	250	1,5	
66	8	2016	272	118	0,5	1,3
75	95	3218	282	74	0,5	2,2
410	20	2750	150	360	6,0	
279	3	5224	169	79	2,3	1,4
344	5	2103	130	117	0,6	1,0
66	6	4400	90	170	2,0	
25	13	2990	400	174	0,6	3,0
33	31	4251	462	76	0,8	1,4
61	5	1600	100	90	0,1	
17	13	3588	334	209	0,6	1,4
7	14	3501	350	150	0,9	1,0
600	10	1450	120	210	0,6	
634	9	2102	307	53	3,5	0,5
595	10	2000	323	135	2,0	0,4
40	20	2500	70	120	0,8	
0	8	2922	284	79	1,1	1,9
0	7	2505	300	50	8,0	2,1
36	20	1290	90	80	0,6	
54	9	2519	277	87	0,6	1,0
0	10	2104	307	10	0,7	1,1

		Vitamin A mg/kg	Vitamin B_1 mg/kg	Vitamin B_2 mg/kg	Vitamin B_3 mg/kg	Vitamin C mg/kg
Äpfel	Tabellenwerte	738	0,33	0,17	0,80	41
	norm. Anbau	637	0,20	0,04	0,89	35
	biolog. Anbau	655	0,83	0,73	0,73	536
Süßkirschen	Tabellenwerte	9000	0,45	0,54	2,70	90
	norm. Anbau	2566	0,16	0,20	1,34	0
	biolog. Anbau	6531	0,16	0,03	0	10
Kiwi			0,07	0,86	20,30	986
Melonen	Tabellenwerte	17000	0,20	0,15	3,00	165
		17011	0,11	0,09	2,78	33
Bananen	Tabellenwerte	1292	0,34	0,41	4,10	68
		1992	0,21	0,07	4,12	7
Grapefruit	Tabellenwerte	392	0,20	0,10	1,00	196
		937	0,41	0,16	2,14	25

Die Tabellenwerte sind die, die man im Kochbuch findet. „Freiland“,

Vitamin A: Wichtig für Augen und Wachstum, dient dem Aufbau und der Erhaltung von Gewebe, Haut und Schleimhaut. Ältere Menschen brauchen viel Vitamin A. Tagesbedarf: 0,8 bis 2 Milligramm.

Vitamin B_1: Stärkt die Nerven, verwandelt Kohlenhydrate in körpereigene Energie. Die wichtigsten Quellen: Schweinefleisch, Hülsenfrüchte, Vollkorngetreide, Nüsse, Hefe.

Vitamin B_2: Hält Haut und Augen gesund, ist wie B_1 an zentralen Stoffwechselvorgängen beteiligt. Tagesbedarf: 1,8 bis 2 Milligramm.

Vitamin B_3: Hilft beim Auf- und Abbau von Aminosäuren sowie bei der Bildung von Hormonen und Nervensubstanzen. Lindert Entzündungen der Haut. Reichlich

Natrium mg/kg	Kalium mg/kg	Magnesium mg/kg	Calcium mg/kg	Mangan mg/kg	Kupfer mg/kg	Zink mg/kg
10	1160	50	70	0,7	0,8	
9	1247	173	27	0,6	0,5	0,5
9	1247	173	27	0,6	0,5	0,0
20	2600	140	190	0,3	0,7	
8	2711	168	39	0,6	0,5	0,9
10	2536	153	40	0,2	0,3	0,8
32	4768	422	165	0,7	2,6	1,2
120	2300	170	140	0,4	0,4	
26	1560	423	91	0,6	1,1	1,4
10	4200	310	80	6,4	2,0	
34	5830	334	9	1,1	0,5	0,5
20	1980	100	170	0,1	0,2	
12	1513	265	116	0,5	0,9	0,4

„Treibhaus“ und „biologisch“ sind die neuen Werte vom Jahr 1989.

vorhanden in Fleisch, Seefisch, Obst, grünen Salaten, Gemüse, Kartoffeln und Vollkorn.

Vitamin C: (Ascorbinsäure) Wird benötigt für Bildung und Erhalt von Bindegewebe, Knochen und Zahnbein, zur Anregung der Abwehrkräfte und zur Blockierung von Oxidationsprozessen. Es verhindert die Entstehung krebserregender Nitrosamine im Körper. Es verbessert die Eisenresorption.

Vitamin D: (Calciferol) Ist die Vorstufe eines Hormons, das die Resorption von Calcium und Phosphat verbessert und für die Einlagerung in die Knochen sorgt. Seefische enthalten Calciferol. In Pflanzen finden sich lediglich Vorstufen davon, die auch der Körper selbst herstellen kann. Bei Sonneneinstrahlung werden sie erst in der Haut zu Vitamin D umgewandelt. (Vitamin D ist daher in obiger Tabelle nicht aufgeführt.)

Natrium: Verhindert Wasserverluste, regt das vegetative Nervensystem und den Herzschlag an, beugt Muskelkrämpfen vor. Tagesbedarf: 300 Milligramm.

Kalium: Sehr anregend für das vegetative Nervensystem, reguliert den Flüssigkeitshaushalt, transportiert Nährstoffe zu den Zellen. Tagesbedarf: 400 Milligramm.

Magnesium: Regelt die Körpertemperatur, mobilisiert Enzyme, die Fett abbauen. Muß dem Körper täglich zugeführt werden, damit er existieren kann. Wirkt beruhigend auf Nerven und Muskeln, entspannend auf Psyche und Geist. Hält die Arterienwände elastisch. Täglich 350 Milligramm.

Mangan: Wichtig für Knorpelbildung und für die Gelenke.

Kupfer: Stärkt das Immunsystem, regt die Hormonbildung in der Schilddrüse an. Tagesbedarf: 8 Milligramm.

Zink: Reguliert den Blutzucker, ist Bestandteil von Haut, Haaren und Fingenägeln. Tagesbedarf: 15 Milligramm.

Fett

Fett ist ein wichtiges Thema. Allerdings komplizieren die vielen Fettarten und auch die Werbung die Thematik.

Für den Allergiker löst sich das Problem vergleichsweise einfach. Für ihn kommt nur das mehrfach ungesättigte Speiseöl in Frage:

- das Sojaöl, reich an natürlichem Lecithin,
- das Leinöl,
- das Safloröl oder Distelöl.

Distelöl ist jedoch nicht gleich Distelöl. Die Billigklasse des Distelöls ist nicht rein und kommt mit der allergieauslösenden Antioxydantie Butylhydroxianisol in die Supermärkte.

Seit zwanzig Jahren hat sich das Oli-fit-Distelöl und auch das Brat- und Fritieröl der Firma EGLE bewährt, das per Post ins Haus kommt. Die Anschrift finden Sie im Lieferantenverzeichnis.

Das Oli-fit-Distelöl wird für Salate genommen und auch als Beigabe für Gemüseeintopf *nach* dem Kochen.

Das Brat- und Fritieröl, der Name sagt es schon, findet Verwendung beim Anbraten. Fritiert wird in der Allergie-Heilkost aus verschiedenen Gründen *nicht.* Leichtes Anbraten und Dünsten von Fleisch und Fisch ist ebenso erlaubt wie der Sonn- und Feiertagsbraten aus dem Ofen. Nur darf der Braten nicht dunkel geraten, dann ist er gesundheitsschädlich.

Margarine ist ein Mischfett, enthält häufig Butylhydroxianisol und ist ohne schwefelhaltigen Emulgator nicht herzustellen. Margarine findet aus diesen Gründen in der Allergie-Heilkost *keine* Verwendung.

Der beste Brotaufstrich für Allergiker ist Butter aus unpasteurisierter Frischmilch. Der ist nicht nur vitaminreich, sondern auch basisch und hilft, den Säure-Basen-Haushalt im Körper aufrechtzuerhalten (siehe Seite 65).
Mit diesen wenigen Zeilen ist für den Allergiker das Fettproblem gelöst.
Eine an Sinusitis erkrankte Patientin sollte auf Anraten des Arztes wegen Cholesterinerhöhung ständig Margarine essen. Ich gab ihr den Rat, bei der vollwertigen Allergie-Heilkost auf Butter nicht zu verzichten und eine andere Hautcreme zu benutzen (auch viele Sorten Hautcreme enthalten die allergieauslösende Antioxydatie Butylhydroxianisol). Nach vierzehn Tagen war die Patientin gesund, brauchte kein einziges Medikament, ist nun sportlich und voll belastbar und gesund.
Nach Klärung der Frage, welches Fett für Allergiker geeignet ist, nun noch ein Wort über die Cholesterinwerte. Es ist besonders wichtig zu wissen, daß Cholesterin an sich nicht krank macht, sondern für die Gesundheit unerläßlich ist. Der Körper selbst stellt über Leber und Galle 1000 mg Cholesterin pro Tag her. Die wichtige Aufgabe des Cholesterins ist, das Fett durch die Zellmembran in das Zellinnere zu schleusen. Also: je hochwertiger das Fett ist, das wir mit der Nahrung aufnehmen, desto besser wird jede Körperzelle von Kopf bis Fuß ernährt.
Cholesterin ist also für die Zellen im menschlichen Organismus lebensnotwendig. Der ganze Rummel, der um Cholesterin und seine Auswirkungen gemacht wird, ist hauptsächlich aus wirtschaftlichen und nicht aus gesundheitlichen Gründen entstanden.

Die Margarineindustrie sah sich vor der schwierigen Aufgabe, die Butter als Konkurrent zu verdrängen, und lancierte die Theorie, Butter sei wegen eines zu hohen Cholesteringehalts gesundheitsschädlich. Natürlich kann niemand leugnen, daß Butter tatsächlich cholesterinhaltig ist. Aber durch intensive Werbefeldzüge ist es der Margarineindustrie gelungen, die Fehlinformation zu verbreiten, daß Butter für die Gesundheit Gift sei. Infolge der unzureichenden Ausbildung der Ärzte in Fragen der Ernährung ist der Protest der Mediziner ausgeblieben. Vielmehr schlossen sich viele Ärzte sogar den Vorwürfen der Margarineindustrie an. Dieser Fall zeigt, daß Informationen, die die Ernährung betreffen, hauptsächlich von der Nahrungsmittelindustrie und der Werbung verbreitet werden.

Im Fall des Cholesterins wird dies umso deutlicher, wenn man bedenkt, daß dem Organismus durch die Fleischernährung wesentlich mehr Cholesterin zugeführt wird als mit Butter. Das Fleisch enthält zwar weniger Cholesterin, man nimmt aber allgemein wesentlich mehr Fleisch zu sich als Butter. In diesem Zusammenhang verweise ich auf das Buch *Die Eiweißkrankheiten* von Professor Dr. Lothar Wendt. Es macht deutlich, daß der Mensch im Laufe seines Lebens nicht eigentlich verkalkt, sondern infolge von zu hohem Fleischverzehr an Cholesterinüberernährung leidet, die zum Teil die völlige Verstopfung der Gefäße bis in die feinsten Kapillare zur Folge hat.

Klinische Untersuchungen haben ergeben, daß bei vitalstoffreicher, möglichst fleischloser Gesamtnahrung nicht nur der Cholesterinspiegel sinkt, sondern auch das Cholesterin in den Gefäßwänden und den verklebten

Zellmembranen abgebaut wird und die Blutgefäße wieder durchlässiger werden. Sogar der Blutdruck kann auf diese Weise gesenkt werden.

Milch

Für den Säugling ist Muttermilch lebensnotwendig. In den ersten sechs Lebensmonaten trägt sie zur Ausreifung des Immunsystems bei. Kein Arzt sollte deshalb vor Ablauf des sechsten Lebensmonats eine Impfung vornehmen. Viele Säuglinge, die nicht gestillt werden können und zu früh geimpft werden, können ernsthaft erkranken.

Muttermilch ist die optimale Vollwertkost und basenbildend, leichte Kost mit nur 2% Eiweiß, und doch stabilisiert sie den Körper durch viel Kalk und verdoppelt das Gewicht des Säuglings in kurzer Zeit. – Je gesünder sich die Mutter während der Stillzeit ernährt, um so gesünder wächst das Kind heran. Trinkt die Mutter während dieser Aufbauphase des Kindes selbst Kuhmilch, könnte schon der Beginn für eine spätere Milchunverträglichkeit und Milch-Allergie gelegt werden. Die Laktoseunverträglichkeit tritt um so häufiger auf, je früher der Säugling mit Kuhmilch ernährt wurde.

Ist der Säugling abgestillt und auf festere Nahrung aus Getreide, Gemüse und vollreifem, basischem Obst umgestellt, ist zugefütterte Kuhmilch artfremd. Kein Säugetier trinkt nach der Muttermilchphase Milch von einem anderen Tier. Nur der Mensch nimmt Kuhmilch zu sich. Trinkt er zuviel davon, riskiert er eine Übersättigung des Blutes mit Kalk, der mir Körnchen und Knöt-

chen ins Unterhautfettgewebe abgeschoben wird und bis zur Geschwulstgröße wachsen kann. Orangenhaut ist eine Folge von zuviel Eiweiß.
Wegen der Verschleimung muß der Bronchialasthmatiker auf Milch verzichten.
Milchprodukte aus pasteurisierter Milch sind säurebildend, Produkte aus frischer Vorzugsmilch sind basisch und daher heilend bei Osteoporose.
Es ist ein Irrglaube, daß Magermilch gesünder sei. Zur Verdauung braucht der Körper Fett. Vollfetter Quark und Käse vom Stück schmecken außerdem sehr gut. Schmelzkäse und geschnittener Käse in Folie sind wegen der Schmelzsalze und der chemischen Konservierung für Allergiker verboten.
An dieser Stelle sei noch von einer Milch mit Heilwirkung die Rede. Gerade für die von Medikamenten belastete Leber ist sie von Bedeutung. Es ist die Schafsmilch mit ihrem hohen Orotsäuregehalt, die auch Krebs vorbeugt und viel Vitamin B enthält.
Ida Schwintzer schrieb das Buch *Das Milchschaf* und betont darin, daß Orotsäure hochwertiges Zellkerneiweiß aufbaut, regenerierend wirkt und hilft, zerstörte Leberzellen zu regenerieren. Orotsäure verhindert Ablagerungen an Gefäßwänden und hält sie elastisch.
In der Allergie-Heilkost ist auch Schafskäse sehr wirkungsvoll, nur muß er mild und wirklich echt und nicht mit Schadstoffen belastet sein.

Salz

Nur wer an zu niedrigem Blutdruck leidet, kann kräftiger salzen.
In der Allergie-Heilkost verwenden wir nur einwandfreies Meersalz, das wir im Reformhandel oder Naturkostläden erhalten können.
Als Würzmittel nehmen wir am besten frische Gartenkräuter, die Salz weitgehend ersetzen können. An dieser Stelle sei gewarnt vor Geschmacksverstärkern in flüssiger oder Würfelform. Streng verboten sind ferner sämtliche Fertigsuppen und Fertigsaucen.

Getreide und gekeimte Sämereien

Das volle Korn von Dinkel (Weizen), Hafer, Gerste, Hirse, Roggen, Reis und Mais ist ein erstrangiger Eiweiß-, Vitamin- und Mineralstoffträger und dient seit dem Altertum allen Kulturen als Ernährungsgrundlage.
Noch heute werden Hungersnöte wesentlich wirksamer mit Getreide bekämpft als mit Fleisch und denaturierten Industrieprodukten. Der Westen und die USA exportieren mit diesen ungeeigneten, mit Zusatz-, Farb- und Konservierungsstoffen belasteten Nahrungsmitteln auch Allergien in die Länder der Dritten Welt.
Schon meldet Papua Neuguinea Atemwegserkrankungen: Sinusitis, Asthma bronchiale, Rhinitis vasomotorica (Dauerschnupfen) und chronische Bronchitis.
Wenn sich die Bevölkerung mit naturbelassenen Lebensmitteln ernähren könnte, wären die Krankheiten auch ohne Medikamente schnell geheilt.

Professor Werner Kollath hat in seinem Buch: »Die Ordnung unserer Nahrung« folgende Werte angegeben:

	Weiß- oder Graumehl	Vollkornmehl
Provitamin A	–	3,3 mg/kg
Vitamin B_1	0,7	5,1
Nicotinsäureamid	7,7	57
Pantothensäure	23	50
Vitamin E	–	24
Kalium	1150	4730
Kalzium	60	120
Eisen	7	44

Das Phytin, das Mineralstoffe an sich bindet und die Lösung im Darm verhindert, läßt sich durch einfaches Einweichen in Wasser in dreißig Minuten bis drei Stunden unwirksam machen. Getreide, das wir selbst in einer kleinen elektrischen Mühle schroten, wird über Nacht eingeweicht und am nächsten Morgen frühstücksgerecht zubereitet.
Wird Getreide über längere Zeit in Wasser gegeben, so keimt es. Es ist also noch lebendig und keimfähig. Vor dem Kauf einer größeren Menge Getreide sollte die Qualität auf diese Weise geprüft werden.
Und noch etwas ist wichtig im Hinblick auf das Säure-Basen-Gleichgewicht im Körper beim Auskeimen von Getreide. Das säurebildende ganze Korn verliert durch das Keimen Kohlenhydrate und entwickelt sich zu grünem Getreide – es wird dadurch basisch. Der Mineralstoffgehalt wird um ein Vielfaches erhöht. Der Vitamin-C-Gehalt steigt bis zu 600%.

Da uns die Keime von Linsen, Kirchererbsen und grünen Erbsen innerhalb drei Tagen pro mg/g Keime bis zu 2,36 Vitamin B_{12} liefern, können wir getrost auf den Verzehr von Fleisch verzichten.
Selbstverständlich genießen wir alle gekeimten Getreidearten in rohem Zustand, denn sie strotzen nur so vor basischer Lebensenergie, heilen Allergien und nicht zuletzt die geschwürige Darmentzündung Morbus Crohn, die zu dem Formenkreis chemischer Allergien gehören kann.
Die medizinischen Informationen darüber könnten wesentlich besser sein, wenn Ärzte und Kliniken die Wirkung der Lebensmittel erkennen und ihre Kräfte gezielter einsetzen würden.
Wir sind heute schon in der Lage, durch einfache Ernährungsumstellung fünf Allergien dauerhaft zu heilen, die in der Schulmedizin bis heute als unheilbar gelten. Das sind:

Asthma bronchiale (Bronchialasthma)
Rhinitis vasomotorica (Dauerschnupfen)
Sinusitis (Nasen-Nebenhöhlenentzündung)
Chronische Bronchitis, Pseudo-Krupp
Morbus Crohn (geschwürige Darmentzündung)

Medikamente und Cortison heilen nicht, sie lindern nur die Beschwerden und schaffen zusätzliche Probleme, die wiederum Kosten verursachen.
Die Vollwertkost kann schmackhaft sein wie ein Menü in einem Feinschmeckerlokal, deshalb sind Gourmets bereit, viel Geld dafür zu bezahlen. Und sie wissen, warum.

Nur unsere Krankenhausküchen ziehen nicht mit, weil es an Personal mit Fachkenntnissen mangelt und die Ärzte sich unverständlicherweise überhaupt nicht dafür interessieren, wie der Patient ernährt wird.
Durch dieses Buch über Allergie-Heilkost erfahren Sie alles über die vollwertige, heilende Ernährungsform, ein Lehrbuch der Vollwertkost auch für Krankenhäuser. Es soll deutlich gemacht werden, daß Allergien kein medizinisches, sondern ein ernährungsphysiologisches Problem sind und von fachlich qualifizierten Ökotrophologen geheilt werden können.
Wie groß das Interesse an gesunder Ernährung heute ist, läßt sich anhand der Anfragen ablesen, mit denen Küchenmeister *Unger* vom Landgasthof »Forelle« in Marktschellenberg/Berchtesgadener Land beehrt wird. Unger bietet naturreiche Vollwertkost an und veranstaltet auch zweimal jährlich, im Frühjahr und Herbst, die Marktschellenberger Gesundheitswochen. Der Zulauf vergrößert sich von Jahr zu Jahr.
Mit der notwendigen Schulung hat sich das Landgasthaus »Forelle« der heilenden Allergie-Heilkost angenommen. Die Allergie-Heilkost ist frei von allergieauslösenden Zusatz-, Farb- und Konservierungsstoffen denaturierter Industrieprodukte. Nicht Medikamente heilen, sondern die Natur selbst. Auch der Mensch ist mit seiner Ernährung Glied der ökologischen Kette und reagiert auf Störung und Schwächung des Immunsystems mit Allergien.
Zu jeder Mahlzeit wird aus Frischkost ein vollwertiges Menü zusammengestellt. Man orientiert sich am jahreszeitlichen Frischgemüsemarkt und dem bäuerlichen Angebot umliegender Höfe.

Es werden nur Frühstückseier freilaufender Hühner angeboten. Das Fleisch stammt aus der Mutterkuhhaltung von abgelegenen Weiden des Berchtesgadener Landes. Die naturnahe Haltung – Sommer und Winter – in offenen Laufställen – ohne künstliches Kraftfutter – garantiert beste Qualität. Milchkälber wachsen in natürlicher Umgebung auf.
Zum guten Start in den Tag gibt es frischgeschrotete Müsli, Honig, Obst und frische Sahne oder eigenes Vollwertbrot mit hochwertigen Beilagen und basischer Süßrahmbutter.
Zum Mittag- und Abendessen gibt es Rohkost als Vorspeise, Vollwertgetreide mit frischem Gemüse und Gartenkräutern und als Dessert frische Köstlichkeiten.
Die Allergie-Heilkost erlaubt durchaus Forellen aus sauberen Gewässern und delikate Fleischspeisen mit frischen Salaten.
Vegetarier werden in jeder Weise verwöhnt. Es gibt auch Vollkornspaghetti mit rassiger Soße aus frischen Tomaten. Es gibt Pasteten mit frischen Champignons oder lecithinhaltigen Tofu in Käsecreme mit Zwiebeln, Knoblauch, Tomaten und frischem Basilikum. Jeder Feinschmecker kommt dabei voll auf seine Kosten.
Von einer »Hohen Schule« der Vollwertkost kann nur gesprochen werden, wenn echte Gaumenfreuden geboten werden.
Die Devise heißt: Zurück zur Natur und von der Natur zur Gesundheit.

Nach dem Ausflug nach Marktschellenberg zurück zum Getreide. Dinkel, der Urweizen, wächst nur auf Böden ohne Kunstdünger. Das daraus hergestellte Gebäck geht nicht nur gut auf, sondern ist ausgesprochen wohlschmeckend. Wer selbst Kuchen und Brot backen will, für den lohnt sich die Anschaffung einer Getreidemühle, denn nur frischgemahlenes Mehl aus dem vollen Korn garantiert beste Qualität.

Reis

Reis kennen wir meist nur als schneeweißes, poliertes Korn, langweilig im Geschmack.
Ungeschälter Reis, wie er in Asien gegessen wird, enthält in den Randschichten viel Vitamin B_1, Eisen und Kalizium. Außerdem Kalium, Vitamin E, B_2, B_6. Blutarmut wird durch Eisen behoben und vermehrt deutlich die roten Blutkörperchen.
Bei der Klebereiweiß-Allergie Zöliakie ist Reis in Verbindung mit Hirse und Buchweizen wie auch Mais besonders wichtig. Reis wirkt entwässernd, senkt den Blutdruck, und so manche Säuglings- und Kinderkrankheit mit Magen- und Darmbeschwerden ist mit Reisschleim zu beheben. Man sollte deshalb stets ungeschälten Reis im Haus haben.

Gerste

Mit der reichen Vitamin- und Mineralausstattung ist Gerste nicht nur eine wichtige Zutat beim Bierbrauen, denn sie enthält nach der Wirkstofftabelle von Professor Schweigart hochwertige Kieselsäure und die Vitamine B_1, B_2, Vitamin C und Inosit.

Kinder, die nach langer Medikamentenbehandlung häufig Gerste als Müsli bekommen oder tagsüber am Vorabend angesetzte Gerstenauszüge trinken, erholen sich erstaunlich schnell.
Auch bei Morbus Crohn, bei Magen- und Darmstörungen, bewirkt eine einfache Gerstensuppe Wunder. Sie wird aus frischgemahlenem Vollgerstenmehl, einer Prise Meersalz und Wasser nur aufgekocht und leicht abgekühlt getrunken. Gerstensuppe bindet Giftiges aus dem gestörten Stoffwechsel und regt die Leberfunktion an.
Asthmatiker sollten wissen, daß Gerstensuppe die Bronchien und Lunge kräftigt, außerdem beugt sie Bandscheibenschäden und Bindegewebsschwäche vor und übernimmt damit eine wichtige Regulation auch im Brustkorb.
Zu Gerste sollte niemals schwarzer Tee getrunken werden, er würde alle guten Eigenschaften vernichten.

Hirse

Hirse ist das Nationalgetreide der Afrikaner und wächst, wie alle guten Getreidesorten, auf kargem Boden. Hirse ist außerordentlich sättigend. 100 g Hirse decken den Tagesbedarf an Eisen, Phosphor und Kieselsäure. Würden wir mehr Hirse essen, hätten wir weder Krampfadern noch Hämorrhoiden und eine glatte Haut. Das Haar wäre glänzend, das Auge klar. Wir hätten auch keine Gelenkschäden, gute Sehnen, Bänder und Blutgefäße. Mit Hirse kann so manche Neurodermitis ausgeheilt werden. Hirse wärmt infolge der Kieselsäure und wirkt dem Krebsgeschehen entgegen.

Der einzige Nachteil ist, daß Hirse kaum Kalk enthält. Wir ergänzen sie deshalb mit Zwetchgen, Kirchen, Orangen, oder, wenn wir sie finden können, mit Walderdbeeren und Himbeeren. Die Hirse wird nach dem Aufkochen und Ausquellen mit etwas Honig gesüßt und das Obst roh darübergegeben, eventuell mit Honig im Mixer kurz püriert. Hirse ist ausgezeichnet für Kinder und frei von Allergenen. Auch *frische,* unpausteurisierte Sahne macht Hirse zur Gaumenfreude.

Roggen

Roggen ist das härteste Getreide, wächst auf kargem Boden und braucht bis zur Reife eine ganze Vegetationsperiode. Roggen stärkt sowohl das ganze Knochengerüst als auch Herz und Lunge, was für die Ausheilung bei Bronchialasthma wichtig ist.
Die Kieselsäure sorgt für festes Bindegewebe, glatte Haut, volles Haar, und das Eisen trägt zur Blutbildung bei. Der Vitamin B-Komplex stärkt die Nerven. Kalium kräftigt das vegetative Nervensystem und die Leber. Vitamin E wirkt der Oxydation im menschlichen Körper entgegen und verlangsamt den Alterungsprozeß. Auch zu Roggen – ganz gleich in welcher Form – sollte kein schwarzer Tee getrunken werden.

Mais

Mais enthält kaum Eiweiß und hat daher bei Zöliakie-Kranken, die an Klebereiweiß-Allergie leiden, seine ganz besondere Bedeutung in der Ernährung und versorgt den Körper außerdem mit Zucker, Kalium, Magnesium, Eisen, Kieselsäure und Phosphor, ferner mit Vitamin A. Mais trägt also zur Blutbildung bei, hält mit Magnesium die Wände der Blutgefäße elastisch, wirkt günstig auf das vegetative Nervensystem und stärkt mit Vitam A die Augen und Sehkraft.

Hafer

Hafer ist ein ganz besonderes Getreide und in Form von Haferflocken und Hafergrütze ein altes bewährtes Hausmittel gegen Magen- und Darmverstimmungen. Doch was wir an Fertigware, abgestanden und oxydiert in den Regalen finden, lohnt kaum das Geld, das wir dafür ausgeben. Hafer ist nämlich ein fettes Getreide, macht Müde munter und gibt Mensch und Tier die notwendige Kraft. Aber das volle Korn muß es sein. Die fabrikmäßige Herstellung von Haferflocken quetscht das Korn, schickt es über heiße Walzen und entzieht ihm so das wichtige Fett und andere Nährstoffe.
Selbsthergestellte Haferflocken oder Schrot daraus sind wesentlich gehaltvoller und werden nie auf Vorrat hergestellt, sondern augenblicklich in frisches, kaltes Leitungswasser gebracht (pro Person 1/2 Tasse mit ebensoviel Wasser) und warten zugedeckt bis zum nächsten Morgen auf die Zubereitung zum Frühstück.
Gegenüber anderem Getreide ist der Fettgehalt im Hafer mit 7,5% außergewöhnlich hoch. 100 g Hafer dekken ⅓ des Tagesbedarfs an notwendigen Fettsäuren. Herz und Kreislauf, Organe und Blutgefäße werden

von Cholesterin entlastet, das wir bekanntlich durch zuviel Fleischkonsum zu uns nehmen. In Hafer ist viel Vitamin B_1, das die Nerven stärkt und die depressiven Phasen der Allergiker und Asthmatiker, die oft lange Leidenszeiten hinter sich haben, schnell abbaut. Hafer regt auch die Bauchspeicheldrüse zur besseren Insulinproduktion an. Frischer Hafer ist ein ausgezeichnetes Stärkungsmittel.

Buchweizen

Buchweizen gehört botanisch zur Familie der Knöterichgewächse und ist aus der Allergie-Heilkost nicht wegzudenken. Sein hoher Lecithin-Anteil steigert die Leistungsfähigkeit, kräftigt die Nerven und greift in den Regelmechanismus des ganzen Körpers ein und kommt daher der heilenden Wirkung der Allergie-Heilkost sehr entgegen. Buchweizen ist basisch, hat einen hohen Gehalt an Eisen, Kalium, Phosphor, Vitamin B_1 und Vitamin B_2. Buchweizen wirkt günstig auf Leber, Galle, Bauchspeicheldrüse und bei Herzinsuffizienz.

Im Gegensatz zum Getreide wird Buchweizen nicht geschrotet, das ganze Korn wird über Nacht mit ungeschwefelten Weinbeeren und zwei ungeschwefelten Aprikosen eingeweicht und am nächsten Morgen mit einer gescheibelten Banane, einem Teelöffel Honig und frischer, unpasteurisierter Sahne zubereitet. Bei mehreren Portionen lohnt sich das Schlagen der Sahne mit Honig oder das Pürieren von Sahne, Honig und Banane im Mixer. Diesen Gaumenschmaus verschmäht niemand.

Frischkornbrei

Am Vorabend schrotet man mit einer kleinen elektrischen oder handgetriebenen Getreidemühle pro Person etwa 60–80 g Getreide außer Buchweißen, gibt es in einen tiefen Teller und deckt es mit frichem Leitungs- oder Heilwasser ab. Es ist unbedingt darauf zu achten, daß man kaltes Wasser nimmt, weil das Phytin bei der Verwendung von warmem Wasser im Getreide Kalk, Eisen und Magnesium bildet. Man kann das Getreide auch erst am Morgen schroten und einweichen, nur muß es unbedingt dreißig Minuten mit kaltem Wasser abgedeckt gestanden haben, damit sich das Phytin löst, das heißt durch das im Getreide vorhandene Enzym Phytase, das nur durch kaltes Wasser aktiv werden kann, chemisch zur Lösung gebracht wird.
Für Allergiker ist es lohnend, den vorbereiteten Frischkornbrei zur Arbeitsstelle oder zum Büro mitzunehmen und dort nur Obst, Honig und Sahne zuzufügen. Bei Einhaltung der übrigen Allergie-Heilkost werden Sie erstaunt sein, in welch kurzer Zeit die Heilung einsetzt. Das heißt, wenn dem Körper Zusatz-, Farb- und Konservierungsstoffe nicht mehr zugeführt werden.
Dieser Grundsatz gilt für alle fünf Allergieformen chemischer Ursache. Nach unseren Erfahrungen sind das 70% aller Allergien einschließlich Morbus Crohn. Im letzten Fall sind Backpflaumen allerdings streng verboten.

Vorrat an Getreide

Wenn Sie sich von jeder Getreidesorte ein Kilogramm auf Vorrat gekauft haben, werden Sie feststellen, daß Sie zur Aufbewahrung keinen Kühlschrank brauchen und außerdem weniger Geld ausgegeben haben als für Fleisch, Wurst und Schinken.
Gehen Sie bei der Vorbereitung der Getreidemahlzeit nun so vor, daß Sie nur je eine Sorte nehmen, d.h. die Körner nicht mischen. Auf diese Weise können Sie am besten feststellen, welche Sorte allergische Reaktionen auslöst. Das muß nicht sein, kann aber vorkommen. In meiner Selbsthilfegruppe haben einige Klienten Roggenallergien. Also prüfen Sie selbst, was Sie am besten vertragen. Die meisten Menschen haben nicht nur keine Probleme, sondern waren innerhalb weniger Tage und Wochen von allen allergischen Beschwerden geheilt.

Ihr Gewächshaus voller Vitamine

Die ideale Ergänzung der Vollwerternährung mit Getreide sind gekeimte Sämereien.
Gekeimte Samen und Körner eignen sich vorzüglich für Salate und als frisches Gemüse. Sie besitzen einen sehr hohen Nährwert, sind reich an Vitaminen und Vitalstoffen – also ideale Vollwert-Lebensmittel.
Das Ankeimen geht in Keimgeräten problemlos vor sich: Samenkörner auf die Schalenböden streuen, Wasser darübergeben – der Rest erledigt sich von selbst, wenn Sie zweimal täglich frisches Wasser nachfüllen. Gekeimte Körner werden basisch, der Vitamin B-Kom-

plex ist um ein vielfaches erhöht. Keime sind auch ein guter Brotbelag auf Butter.

Mungobohnen

Jeder Anfänger sollte das Keimen mit Mungobohnen versuchen. Sie anzukeimen gelingt immer. Ihr Geschmack ist delikat, etwa vergleichbar mit grünen Erbsen. Mungobohnen sind hochwertige pflanzliche Eiweißträger, und die Keimdauer beträgt nur ein bis zwei Tage. Nach dem Keimen ist die Mungobohne basisch, reich an Vitamin A und C. Der Gehalt an Phosphor, Calcium und Eisen ist beachtlich hoch. Geschmacklich paßt sie sich allen Rohkostsalaten an.

Kichererbsen

Sie stammt überwiegend aus Portugal, Afrika und Südamerika; enthält einen hohen Anteil Eiweiß und wertvolle Mineralien. Der Gehalt an Vitamin A und E ist nach dem Ankeinem beachtlich. Die Keimdauer soll zwei Tage nicht überschreiten. In Salaten sind Kichererbsen ein wichtiger Bestandteil der Vollwerternährung. Sie ergänzen hervorragend das Eiweiß von Getreide, grünem Salat und Gemüse. Geschmacklich erinnern sie an Haselnüsse.

Linsen

Die angekeimte Linse entwickelt ein nußartiges Aroma und zeichnet sich als Hülsenfrucht durch einen hohen Eiweißgehalt aus, ferner durch die Vitamin B-Gruppe, Vitamine C und E. Als Beigabe in frischen Rohkostsalaten oder separat als Salat angemacht sind sie eine willkommene Abwechslung in der Vollwertküche. Keimdauer ein bis zwei Tage.

Senfsaat

Senfkeimlinge zeichnen sich durch ihre starke Würzkraft aus. Als Gewürz für Rohkostsalate und pikante Getreideschrote werden sie gern verwendet.
Senfkeimlinge zeigen eine gute Wirkung bei Hautkrankheiten und Ekzemen. Sie beeinflussen die Darmflora günstig, wirken Morbus Crohn entgegen und sind blutreinigend.
Die Keimdauer beträgt ein bis zwei Tage.

Kresse

Wird Kresse im Keimgerät herangezogen, kann sie bereits nach sechs bis acht Tagen samt Würzelchen geerntet werden. Sie enthält große Mengen Mineralstoffe. Das Keimen steigert den Gehalt an den Vitaminen A und C.
Die herb-pikante Würze der Kresse paßt zu fast allen Rohkostsalaten.

Alfalfa oder Luzerne

Der Name »Alfalfa« kommt aus dem Arabischen und bedeutet »großes Futter«. Auch bei uns ist Luzerne vielfach nur als Viehfutter bekannt. Dabei sind die Keimlinge eine wertvolle, vitalstoffreiche Zusatznahrung mit den Vitaminen A und C. Die Keimdauer beträgt fünf bis sechs Tage. Die Sprossen bereichern jeden Rohkostsalat und schmecken auch als Brotbelag hervorragend.

Rettichsamen

Rettichkeimlinge sind für ihren sehr scharfen Geschmack bekannt, haben heilenden Wert bei Erkrankungen der Leber und des Darms, verhindern ferner Bakterien, Hefen und Pilze. Sie sind auch sozusagen die Polizei für alle Keimlinge und sind die Garantie für hygienische Frische. Sie können durchaus mit anderen Samen zusammen angesetzt werden.
Geriebener, leicht gesalzener schwarzer Rettich ist eine hervorragende Vorspeise für Leberkranke. Radieschen sind auch geeignet. Keimdauer fünf bis sechs Tage.

Sonnenblumenkerne

Sie enthalten hochungesättigte Fettsäuren. Man knabbert sie, verwendet sie im Müsli, in Backwaren und vielen anderen Gerichten. Zum Ankeimen brauchen sie ein bis zwei Tage.

Gemüse, Salate und baumfrisches Obst

Frisches Gemüse aller Art essen wir täglich in der Allergie-Heilkost. Erst *nach* dem Kochen kommen frischgehackte Petersilie oder andere Kräuter hinzu. Da der Körper ohne Fett Vitamine und andere Vitalstoffe nicht verwerten kann, geben wir etwas Oli-fit-Distelöl hinzu. Bei Gemüse-Eintopf kann es pro Kopf ein Eßlöffel sein. Jegliches Gemüse sollte noch bißfest, auf gar keinen Fall zerkocht sein.

Vor jeder Mahlzeit wird etwas Rohkost gegessen, entweder als grüner Salat oder geraffeltes Gemüse.

Die Marinade bereiten wir aus Oli-fit-Distelöl, frischgepreßtem Zitronensaft, einer Prise Meersalz, flüssigem Süßstoff zum Süßen und frischer, unpasteurisierter Sahne.

Mit der gleichen Marinade ist in wenigen Minuten im Mixer Rohkost hergestellt aus: einem ungeschälten Apfel, einem Stück Sellerie und einer größeren Möhre. Alles unterrühren, fertig!

Baumfrisches Obst und naturgereifte Beeren sind süß, aromatisch und basisch. Zu früh abgenommenes Obst, das künstlich nachreift, ist säurebildend und wirkt im Körper oxydierend. Die einzige Ausnahme sind Bananen, sie sind in jedem Fall basisch.

Wie auch Kartoffeln, die roh und gekocht basisch sind, sind sie in der Allergie-Heilkost wegen ihrer hervorragenden Eigenschaften und Inhaltstoffe äußerst wirksam. Die Kartoffel enthält das wichtige Magnesium, Kalium, Kupfer, Eisen und die Vitamine B_1, B_2, B_6.

Zusätzlich enthält die Kartoffel erstaunlich viel Eiweiß und Vitamin C. Bis zu einer Kochdauer von fünfzehn

Minuten erhöht sich der Vitamin C-Gehalt von 2,81 mg auf 3,84 mg. Nach längerer Kochzeit sinkt der Viamin C-Gehalt wieder ab. (Nach Hagen: »Unsere Nahrungsmittel sollen unsere Heilmittel sein.«)

Diese natürlichen Lebensmittel sind die Grundlage der Allergie-Heilkost. Grüne Salate enthalten das grüne Blatt-Chlorophyll, das in der Zusammensetzung dem Blut ähnlich ist und heilend auf Bronchien, Lunge, Magen und Darm wirkt.

Wenn der Darm rebelliert – Morbus Crohn

Sicher haben Sie schon gehört, daß verschiedene Namen für chronisch-entzündliche Darmerkrankungen verwendet werden. Die Erklärung ist einfach. Die Erkrankung wird nach der Stelle im Darm benannt, die entzündet ist.

Der Dünndarm ist normalerweise drei bis fünf Meter lang, der Dickdarm einen Meter fünfzig. Wir unterscheiden zwei Hauptformen der Darmentzündung: erstens die Colitis ulcerosa, eine Entzündung, die nur den Dickdarm (Colon) befällt und mit der Bildung von Geschwüren (= ulcera) einhergeht. Wenn die Erkrankung den Dickdarm befällt, nennt man sie auch Proktitis (Proktos = Mastdarm). Nach ihrem Entdecker, dem amerikanischen Facharzt für Darmerkrankungen *Burrill B. Crohn,* ist die zweite Darmentzündung benannt, die alle Abschnitte des Verdauungskanals vom Mund bis zum After befallen kann, der Morbus Crohn (Morbus = Krankheit). Morbus Crohn ist eine Entzündung des Verdauungskanals, die sich in den letzten zehn Jahren in Industrieländern mit überwiegend denaturierter Industrienahrung und Zucker aller Herstellungsarten vorkommt.

Wer dieses Buch von Anfang an aufmerksam gelesen hat, vermutet ganz zutreffend den Zusammenhang der vorbeschriebenen Allergien mit Zusatz-, Farb- und Konservierungsstoffen auch in bezug auf Morbus Crohn, der ganz treffend als »Asthma des Darms« bezeichnet wird.

Im Kapitel »Die Konservierungsstoff-Allergie« (Seite 18) haben wir über die Entstehung der Allergien im Darm gelesen, im Kapitel »Kleiner Führer durch die Lebensmittelkonservierung« (Seite 26) haben wir uns über die Lebensmittelkonservierung informiert und schließlich, ab Seite 40, im Kapitel »Allergieauslöser«, alles über die Ursachen erfahren, auch über die Entstehung vom gefürchteten Morbus Crohn, der die gleichen Ursachen hat wie die vorbeschriebenen Allergien, und sich im Darm entwickelt. Angriffsflächen im Körper sind immer die Schwachstellen. Wer ständig Abführmittel nimmt und einen vorgeschädigten Darm hat, bereitet den Boden für Morbus Crohn. Kinder, die bei jeder Gelegenheit zuckerhaltige Süßigkeiten, Industriepudding, Limonaden vorgesetzt bekommen oder sich vom Taschengeld diese denaturierten, künstlichen Industrieprodukte kaufen, riskieren damit ebenfalls den Ausbruch der Krankheit.
Wer am Mund Wunden hat, die nicht heilen wollen oder wer nach dem Genuß künstlicher Zitronenlimonade häufig an Mundfäule zu leiden hat, ist äußerst gefährdet.
Da wir es auch hier mit einem allergischen Geschehen zu tun haben, sind Fälle von Bronchialasthma und Dauerschnupfen, verbunden mit Morbus Crohn gar nicht

selten. Weil die Schulmedizin außer Cortison keine andere Behandlungsmethode kennt, muß der Morbus Crohn-Kranke mit Osteoporose (Knochenentkalkung) und Gelenkschmerzen ebenso rechnen wie mit Schwellungen und Blutergüssen unter der Haut. Etwas seltener finden sich Entzündungen im Bereich der Augen, so insbesondere der Regenbogenhaut und der Bindehaut. Auch Begleitentzündungen der Leber treten auf, was durchaus in dieses Krankheitsbild paßt, denn die Leber hat sämtliche Gifte, die mit denaturierter Industrienahrung aufgenommen werden, zu verarbeiten und auszuscheiden. Wahrlich eine Schwerarbeit für dieses gemarterte Organ.

Die Colitis ulcerosa, die nur den Dickdarm befällt, ist in der akuten Phase durch blutig-schleimige Stuhlentleerungen charakterisiert, wobei das Ausmaß der Durchfälle abhängig ist von der Entzündungsakvitität und der Ausdehnung der Entzündung. Ist der gesamte Dickdarm entzündet, so werden heftige Durchfälle auftreten. Ist nur der Endteil des Dickdarms (der Mastdarmbereich) bei sogenannten Proktitis entzündet, kann der Stuhlgang durchaus noch fest sein; auch hier werden bereits Blutspuren im Stuhl gefunden.
Morbus Crohn, der ja sowohl im Dünndarmbereich als auch im Dickdarm auftreten kann, verläuft in der Anfangsphase eher unauffällig, insbesondere dann, wenn der Dickdarm nicht oder nur wenig entzündet ist, treten keine Durchfälle auf. Im Vordergrund stehen meist mehr die *unklaren* Bauchschmerzen, die gelegentlich mit einer Blinddarmentzündung verwechselt werden. Beim Morbus Crohn kommt es früh zu Störungen der

Nahrungsaufnahme und zu stärkerem Gewichtsverlust. Gelegentlich treten in der Afterregion Fisteln und Abszesse auf.
In dieser Phase der Erkrankung kennt die Schulmedizin nur cortisonhaltige Medikamente, die Morbus Brohn nur überdecken und den Körper nachhaltig schädigen. Die Schulmedizin kennt keine durchgreifende Ernährungsumstellung auf Vollwertkost, die in diesem Zustand, bei sorgfältiger Anwendung, den ganzen Verdauungskanal beruhigen und den Gewichtsverlust aufheben würde. Der Kranke würde wieder zu Kräften kommen und mit der Zeit Appetit entwickeln.
Aber auf welch bedauerlichem Stand befinden sich unsere Krankenhäuser? Es gibt Schonkost aus Weißbrot und Industriepudding, durch die der geschwächte Organismus weder gestärkt noch die Entzündung eingedämmt wird. Darf der Kranke das Bett verlassen, läuft er zum Kiosk, kauft sich Limonade, glaubt, sich etwas Gutes und Erfrischendes anzutun und löst doch nur wieder neue Beschwerden und blutige Durchfälle aus. Ärzte und Schwestern sind ratlos, und die nächste Therapierung mit Cortison ist dem Kranken sicher.

Was ist zu tun bei Morbus Crohn?

Der Kranke schildert seine Beschwerden dem Arzt im Krankenhaus und läßt sich genau untersuchen. Hierbei ist wichtig, vom Arzt das Stadium des Morbus Crohn zu erfahren. Dadurch wird gemeinsam mit dem Arzt die Entscheidung getroffen, ob der Patient nach Hause zurückkehren und augenblicklich mit der Allergie-Heil-

kost und Ernährungsumstellung beginnen kann, oder ob bereits zum Durchbruch neigende Geschwüre bestehen, die eines chirurgischen Eingriffs bedürfen.
Bleiben Sie nicht aus Bequemlichkeit im Krankenhaus, sondern kehren Sie nach Hause zurück und bemühen Sie sich mit aller Energie, die Ihnen verblieben ist, um eine gezielte, entzündungshemmende und aufbauende Ernährung.
Vermeiden Sie alle industriell verarbeiteten Nahrungsmittel (siehe Seite 1–10 und 30–63).
Studieren Sie die Seiten 63 bis 66 genau und halten Sie die Allergie-Heilkost ein.
Der berühmte Koch *Eckart Witzigmann* hat in seinem Buch »Kulinarische Kreationen« erklärt: »Am Anfang jeder Kochkunst steht die Natur – eine Küche kann nicht besser sein als die Produkte, von denen sie ausgeht.« Und *Professor Kollath* hat den berühmten Satz geprägt: »Es gibt Nahrungsmittel und Lebensmittel!«
Wenden Sie sich beim Einkauf den lebendigen Lebensmitteln zu, aber degradieren Sie diese zu Hause durch unsachgemäße Behandlung nicht zu wertlosen Nahrungsmitteln.
Morbus Crohn-Kranke sollten sich nur von Frischkost ernähren, also frischem Obst, frischem Gemüse, Vollkorngetreide, Vollkornbrot und mehrfach ungesättigten Speiseölen aus erster Pressung.
Zu dieser Gruppe gehören:

- Sonnenblumenöl
- Sojaöl
- Safloröl oder Oli-fit-Distelöl
- Leinöl

Diese hochungesättigten Öle bezieht man aus dem Re-

formhaus oder direkt vom Hersteller, wie Oli-fit-Distelöl, das per Post ins Haus kommt und per Rechnung bezahlt wird. Verpackt ist es in Blechdosen und verschlossen lange haltbar. Am bequemsten ist ein Abonnement, dann werden Sie pünktlich beliefert und haben Vorräte im Haus. Dieses Öl enthält garantiert kein allergieauslösendes Butylhydroxianisol.
Wer keinen *grünen* Bestellschein der Selbsthilfegruppe Berchtesgadener Land zur Verfügung hat, kann ihn anfordern unter der Adresse

Marie Latour
Postfach 2163
8240 Berchtesgaden
Telefon (08652) 4603

So werden per Post Allergiker und Morbus Crohn-Kranke in den entferntesten Winkeln unseres Landes beliefert und haben den Vorteil, sich aus dem allergenfreien, geprüften Angebot noch andere Lebensmittel ins Haus kommen zu lassen. So z.B. Honig, Vollkornnudeln und einiges mehr.
Aus Verlegenheit zu billigem Ersatzöl zu greifen, würde für den Morbus Crohn-Kranken wieder eine Verschlechterung seines Zustandes nach sich ziehen.
Erlaubt ist außer dem Saflor- oder Oli-fit-Distelöl an Fett nur noch beste Markenbutter und frische, unpasteurisierte Sahne.
Die hochwertigen, kaltgepreßten Pflanzenöle mit den lebendig-aktiven Fettsäuren gehen im Körper wichtige Verbindungen ein (Eiweiß!), fegen die Adern sauber, bilden kein gefürchtetes Cholesterin und sind auch noch

nützlich beim Abbau von Körperfett. Daneben sind sie Träger der fettlöslichen Vitamine A, E, K, die nur mit diesem kaltgepreßten Öl vom Körper verarbeitet werden. Es ist ein Irrtum, Speisen ohne Fett seien gesünder, das Gegenteil ist der Fall.

Diese ungesättigten Fettsäuren aktivieren die Zellatmung und wirken bei der Ausheilung der Konservierungsstoffallergien, wie sie in diesem Buch der Allergie-Heilkost beschrieben werden.

Ferner entlasten diese wichtigen Öle die Leber, reinigen Blutgefäße von Ablagerungen und heilen angegriffene Schleimhäute der Nase, Bronchien und vom Mund bis zum Darm die ganze Speiseröhren-, Magen- und Darmpassage. Dieses Öl hat also aufbauende, reinigende, entzündungshemmende Eigenschaften und darf an keinem Salat fehlen, auch nicht an Gemüse-/Obst-Frischkost als Vorspeise. Kochen sollte man dieses wertvolle Öl nicht, es würde seinen heilenden Wert verlieren. Allenfalls kann es einem Gemüseeintopf *nach* dem Kochen zugesetzt werden.

Bei Morbus Crohn muß auch auf den heilenden Wert der rohen Kartoffel hingewiesen werden. Die Kartoffel ist stark basisch, wirkt regulierend bei zu viel Magensäure und hat Heilkräfte bei allen Geschwüren des Verdauungstrakts vom Magen bis zum Darm. Im Gegensatz zum Gemüse ist sie gekocht ebenfalls basisch und als Süppchen für manche Magenverstimmung gut.

Die Kartoffel enthält Solanin, das in homöopathischer, geringer Dosis mit den basischen Mineralien die Heilung bewirkt.

Die Kartoffeln müssen stets dunkel gelagert werden, um die Bildung von überschüssigem Solanin zu verhin-

dern, das sich durch Grünfärbung zeigt und vermehrt in den sogenannten Augen anzutreffen ist.
Wie geht man nun kurmäßig vor? Es wird eine fehlerfreie, eigroße Kartoffel ausgesucht, die über den Tag, in dünnen geschälten Scheiben roh gegessen wird. Vor jeder Mahlzeit drei Scheiben, die gut gekaut und eingespeichelt werden, denn Speichel ist bereits eine Vorstufe zum Magensaft.
Für Kinder wird eine entsprechende Menge Kartoffel gerieben, dann ausgepreßt und eins zu drei mit stillem Mineralwasser gemischt. Davon werden ein bis drei Teelöffel je nach Alter verabreicht. Bei Kaubeschwerden können Erwachsene in gleicher Weise vorgehen, sie müssen jedoch vor jeder Mahlzeit einen Eßlöffel Kartoffelsaft nehmen.

Gibt es einen Mobus Crohn-Typ?

Die Frage kann mit einem glatten *Nein* beantwortet werden. Morbus Crohn befällt nur Menschen, deren Ernährung überwiegend aus einseitiger, denaturierter Industriekost besteht. Zu den Auslösern zählen Zucker, Weißmehl, Kuchen, bunte Süßigkeiten, Brause, künstliche Limonade, Fertigpudding, Speiseeis, Margarine mit Emulgator und Speiseöl mit Butylhydroxianisol. Zu einseitige Ernährung der Kinder, die nur noch aus Weißmehlnudeln oder Pommes-frites mit Ketchup oder auch nitrathaltigen Würstchen besteht. Morgens wird nicht vollwertig gefrühstückt, und für das Pausenbrot wird nur Geld mitgegeben, das jahrelang in Süßigkeiten und gehaltloser Limonade oder Cola umgesetzt wird.

Ich kenne Jugendliche, die infolge dieser katastrophalen Ernährung zu Asthmatikern und Morbus Crohn-Kranken wurden. Das Immunsystem wurde nachhaltig gestört, dem Körper fehlen Aufbaustoffe, und durch fehlende Abwehrkräfte löst schon in jungen Jahren eine Krankheit die andere ab. Jede Erkältung wird mit Antibiotika unterdrückt, so wird der Körper duldsam gegen Bakterien und greift diese nicht mehr an. Der Körper verliert seine Abwehrkraft, bis es irgendwann zu spät ist. Das ist der Teufelskreis, der Morbus Crohn den Boden bereitet.

Der Zucker

In meinen Vorträgen mache ich häufig die Erfahrung, daß Allergiekranke sehr erstaunt darüber sind, daß Zucker aller Sorten Ursache ernster Gesundheitsschäden ist. Würden Eltern von Anfang an Zucker und Süßigkeiten meiden und die Sucht nach Süßigkeiten erst gar nicht aufkommen lassen, sondern süßes Obst anbieten, hätte jedes Kind kariesfreie Zähne und jeder Erwachsene bis ins hohe Alter ein gesundes Gebiß.
Ganz gleich in welcher Farbe, ob weiß, flüssig oder braun, paßt er nicht in die Allergie-Heilkost. Was Morbus Crohn-Kranken an letzter Kraft verblieben ist, zerstört der Zucker. Er raubt die Depots in Knochen und Zähnen aus. Zucker sorgt für ständige Blähungen im Darm und ist daher streng verboten.
Dazu gehört: weißer Zucker, Würfelzucker, Puderzukker, weißer Rohrzucker, Vollrohrzucker, brauner Rohrzucker, brauner Kandis, brauner Würfelzucker, Frucht-

zucker, Traubenzucker, Milchzucker, Malzzucker, Malzsirup, Ahornsirup, Zuckersirup, Sukkade, Melasse, Birnendicksaft und Apfeldicksaft.

Auf Nahrungsmittel, die auch nur Spuren von den vorgenannten Zuckerarten enthalten, reagiert der hochsensible Morbus Crohn-Kranke mit Unverträglichkeiten.

Und was der Körper durch jahrelange Fehlernährung eingebüßt hat, indem ihm wichtige Aufbau- und Vitalstoffe vorenthalten wurden, führt bei geringsten Ernährungsfehlern immer wieder zu Beschwerden. Wer also glaubt, die Heilkost nicht streng durchführen zu müssen, wird durch ständige Mißerfolge schließlich mutlos.

Nicht erlaubt sind alle Säfte von Obst und Gemüse, egal ob frisch gepreßt oder fertig gekauft. Selbsteinwecktes Obst oder gekochtes Obst ist ebenfalls verboten, da bei vielen Darmstörungen Unverträglichkeitsreaktionen entstehen, wenn abwechselnd rohes und gekochtes Obst verzehrt wird. Rohes Obst (auch Steinobst) ist notwendig.

Verboten sind alle Auszugsmehle. Dazu gehört auch das Mehl von Graubrot, das in Süddeutschland Schwarzbrot genannt wird. Verboten sind alle Produkte aus weißem Auszugsmehl: Weißbrot, Semmeln, Brötchen, Teigwaren, Kuchen, Plätzchen, Zwieback. Die Mischung aus Zucker und weißem Mehl ist besonders zu meiden. Daher kann Kuchen bei Morbus Crohn wie »Gift« wirken.

Das Knochengerüst

Sie werden sich fragen, was das Knochengerüst mit Morbus Crohn zu tun hat. Ich werde es Ihnen erklären. Auch wenn der Morbus Crohn mit Darmentzündung und Geschwürbildung einhergeht und durch Peristaltik und Sekretorik die Verwertung der zugeführten Nahrung stattfindet, dürfen wir die Funktion des Knochengerüsts mit dem eingelagerten Knochenmark nicht unberücksichtigt lassen, das die Urquelle aller Blutzellen ist. In den Knochen von Kopf, Wirbelsäule, Schultergürtel, Brustkorb, mit Rippen und Brustbein, den Schalenknochen des Beckengürtels werden Sekunde um Sekunde etwa zwei Millionen neue Blutzellen produziert. In einem gesunden Körper muß das so sein, denn der Bedarf ist riesig. In einem einzigen Tropfen Blut befinden sich fünf Millionen rote Blutkörperchen, 8000 weiße Blutkörperchen und 300000 Blutplättchen. Ein rotes Blutkörperchen hat nach 120 Tagen seine Transportfunktion erfüllt und wird abgebaut.

Ohne Knochenmark gibt es kein Leben, das auch die »Wiege« der weißen Blutkörperchen ist, nur sind sie im Gegensatz zu den roten Blutkörperchen eigene winzige Wesen mit eigener Fortbewegung und Vermehrung. In infizierten Wunden erkennen wir die Vermehrung als Eiter, und im Bereich der Blutbahn sind sie die ständig wachsame »Polizei«, die sich auf alle körperfeindlichen Keime stürzen. Sie werden aufgefressen und mit dem eigenen »Organismus« verdaut.

Deshalb ist es so wichtig, unseren Körper mit der notwendigen Energie zu versorgen in Form hochungesättigten Ölen erster Pressung, mit dem Fett ölhaltiger

Nüsse, das unsere Zellatmung erst ermöglicht. Das sind wertvolle Lebensmittel im wahrsten Sinn des Wortes. Sie enthalten fettlösliche Vitamine A, E und K, die der Körper über den Verdauungstrakt auswerten kann.
Welch Irrtum anzunehmen, man könne mit Zigaretten, Kaffee und toten, denaturierten Nahrungsmitteln den Stoffwechsel aktivieren! Das ganze Gegenteil ist der Fall.
Je nach Alter und Größe des Menschen kann das Gewicht von Knochenmark bis zu vier Kilogramm betragen. Aber was ist, wenn dieses blutbildende »Organ« des menschlichen Körpers statt mit notwendigen Vitaminen und lebensspendenden Fettsäuren mit vitaminlosem Zucker, Zusatz, Farb- und Konservierungsstoffen geschädigt wird? Der Zucker entreißt dem Knochengerüst, den Zähnen und dem Knochenmark sämtliche Kraftreserven. Das Darmmilieu wird sauer statt basisch und führt bei entsprechender Disposition und Fortbestand der chemischen Vergiftung zu Colitis ulcerosa und Morbus Crohn.
Der Darm ist durch chemische Zusatz-, Farb- und Konservierungsstoffe in Verbindung mit Zucker *allergisiert*. Das »Asthma des Darms« Morbus Crohn kann sogar Schleimhäute vom Mund bis After befallen. Eine durch Vitalstoffmangel hervorgerufene Zivilisationskrankheit und infolge chemischer Zusatzstoffe ausgelöste Allergie.

Die Schuldfrage

Spätestens nach dem Ausbruch von Morbus Crohn sollten der Kranke und seine Angehörigen darüber nachdenken, was in der Vergangenheit falsch gemacht wurde und was in der Zukunft in der Ernährung geändert werden muß, um eine dauerhafte Heilung zu erreichen. Wer beim Morbus Crohn bereits chirurgische Eingriffe mit Entfernung eines oder mehrerer Darmteile hinter sich hat, dem kann zum Trost gesagt werden, daß er sich auch dann noch wohl fühlen kann, wenn zukünftig die Ernährung dem Leiden angepaßt wird.

Meist wird die »Wurzel« zu Morbus Crohn frühzeitig, oft schon im frühkindlichen Alter, gelegt, wenn zu den Mahlzeiten nicht Frischkost, sondern nur Fertignahrung, die keine Vitalstoffe und Vitamine enthalten, serviert werden.

Was die Eltern ablehnen, nämlich sich täglich mit abgestandener, aufgewärmter Kost zu ernähren, muten sie ihrem Kind zu. Auch Dessert und Obstbrei wird bequemerweise aus Gläsern genommen, zum Beispiel Banane mit Pfirsich und Honig, was doch wirklich in ein paar Minuten mit frischen Zutaten selbst angerichtet wäre.

So ein kleiner Mensch leidet also von Anbeginn seines Lebens an Fehlernährung. Der Durst wird mit künstlichem Tee gestillt, mit fragwürdigen Fruchtsaftgetränken und künstlicher Limonade. Im Lokal steht schon für die Kleinsten Cola auf dem Tisch. Das aus künstlichen Aromastoffen hergestellte Eis ist ohnehin aus dem Straßenbild nicht mehr wegzudenken, egal, welche E-Nummern das Speiseeis enthält. Wer weiß auch schon, was sich dahinter verbirgt, denn die EG-Verordnung (S. 26 dieses Buches) ist nur für die Nahrungsmittelindustrie bestimmt und nicht etwa für die Mediziner. Ärzte sind deshalb überfordert, wenn sie es mit dem Formenkreis chemischer Allergien zu tun haben. Aus Mangel an Wissen gelangen sie nicht an die »Wurzel« des Übels. Der Mißerfolg ist vorprogrammiert, eine Heilung medizinisch nicht möglich. So überdecken Medikamente und Cortison das allergische Übel und verschlimmern den Zustand.

Den Morbus Crohn-Kranken wäre geholfen, wenn Kliniken geschulte Ökotrophologen hätten, die gemeinsam mit den Fachärzten für Magen-Darm-Krankheiten die notwendige Heilkost entwickeln und verordnen können. Der Arzt muß wissen, was der schwerkranke Patient essen und trinken darf.

Fragen Sie lieber einen guten Koch, als die sogenannten Allergologen, die ohne ernährungswissenschaftliche Kenntnisse in die Praxis entlassen werden und Sie einem ungewissen Schicksal aussetzen.

Ich habe es am eigenen Leib erlebt, mich mit unnötigen Spritzen quälen lassen und mußte nach jahrelangen Cortisongaben und Osteoporose (Knochenentkalkung) vor Schmerzen am Stock gehen. Für die Ärzte hatte ich Rheumatismus mit dem Attribut von Asthma bronchiale, Rhinitis vasomotorica und Sinusitis.

Schließlich ging ich mit letzter Kraft selbst an die Arbeit, benutzte mich als »Versuchskaninchen« und testete in Ländern der EG Nahrungs- und Lebensmittel. Nach vier Jahren waren über dreißig Allergene in zehn Produktgruppen einwandfrei identifiziert und in weiteren vier Jahren hatte ich die Heilkost entwickelt, die frei

war von chemischen Zusatz-, Farb- und Konservierungsstoffen. Ich wußte: *Nicht Medikamente heilen, sondern die Natur selbst.*
Durch einfache Ernährungsumstellung wurde ich geheilt wie so viele in der von mir gegründeten Selbsthilfegruppe Berchtesgadener Land, die inzwischen im deutschsprachigen Raum und Frankreich vertreten ist.

Richtige Ernährung bei Morbus Crohn

Die Ernährung bei Morbus Crohn und rezidiven Phasen besteht aus Hafer- oder Reisschleim ohne Zucker, dem ein vollreifer, roher geriebener Apfel ohne Schale untergerührt wird. Auch das Kernhaus muß entfernt werden. Der Apfel ist vitaminreich und basisch und wirkt außerdem gegen Durchfall.
Für diese Art Haferschleim, der bei Darmentzündungen gegeben wird, lohnt sich die Anschaffung einer handbetriebenen Haferflockenmühle, mit der Sie frischen Hafer aus dem Reformhaus oder Naturkostladen selbst mahlen können. Das Mahlen muß jedesmal frisch vor der Zubereitung vorgenommen werden. Nie auf Vorrat mahlen! Auf diese Weise erhalten Sie einen Haferschleim, der nicht oxydiert ist (im Gegensatz zu abgestandener Ware aus dem Laden) und alle wichtigen Inhaltstoffe enthält.
Bringen Sie in einen Emailletopf ¼ bis ½ l Wasser mit einer Prise Vollmeersalz zum Kochen, rühren ein bis drei Eßlöffel Haferflocken ein und nehmen Sie den Topf nach dem Aufkochen sofort vom Feuer. Rühren Sie, bis die Haferflocken sämig sind. Nach leichtem Abkühlen

wird der frischgeriebene Apfel und ½ Teelöffel Saflor- oder Oli-fit-Distelöl untergerührt. Vor dem Servieren bekommt der Patient einen Eßlöffel frischen rohren Kartoffelsaft 1 zu 1 verdünnt mit stillem Mineralwasser. In der akuten Phase ist dieser Haferschleim für mindestens drei Tage das Frühstück und Abendessen.
Der mineralstoffreiche Kartoffelsaft ist basisch und wirkt Entzündungen entgegen.
Da die Kartoffel auch gekocht basisch ist, wirkt Kartoffelsuppe als Zwischenmahlzeit heilend. Wir bringen einen Liter Wasser in einem Emailletopf mit einer Prise Meersalz zum Kochen und reiben auf einer groben Raffel eine Möhre, eine Scheibe Sellerie (geschält) mit einer großen, gut gewaschenen Kartoffel, zuvor sauber gebürstet, mit Schale in den Kochtopf und schmecken mit einer Messerspitze Majoran ab. Die Suppe wird bei mäßiger Hitze knapp zehn Minuten gekocht und vom Feuer genommen. Zum Schluß geben wir einen Eßlöffel kaltgeschlagenes Saflor- oder Oli-fit-Distelöl dazu und rühren um. Fertig.
Macht die Heilung nach etwa einer Woche Fortschritte, rühren wir in den Haferschleim jeden Tag etwas mehr Haferschrot, später auch von anderem Getreide: Dinkel, Roggen, Gerste, jedoch jeweils eine Sorte. Ein Eßlöffel Getreide wird am Abend vorher in einer nur für diesen Zweck bestimmten elektrischen Mühle erst fein, später grober geschrotet und augenblicklich in ein Schüsselchen (Glas oder Porzellan) mit zwei Eßlöffeln kaltem Leitungswasser gebracht, dem die ungeschwefelten Weinbeeren zugegeben werden. Die Schüssel wird mit einem Teller oder sauberen Tuch abgedeckt und über Nacht stehen gelassen.

Zum gekochten Haferschleim geben wir nun am nächsten Morgen den eingeweichten Haferschrot mit Weinbeeren. Das Wasser soll vom Schrot aufgesaugt sein. Es folgt wieder der geriebene Apfel, der untergehoben wird, und ein Teelöffel Saflor- oder Oli-fit-Distelöl.
Wir steigern nach und nach das Getreide auf sechzig Gramm pro Tag und lassen schließlich den gekochten Schleim ganz weg, so daß das Frühstück nur noch aus eingeweichtem Getreideschrot besteht. Der geriebene Apfel gehört nach wie vor dazu. Bereichern können wir mit einer halben Banane in Scheiben und nach und nach mit zehn eingeweichten, ungeschwefelten Weinbeeren zum Süßen. Zucker wird nicht verwendet.
Zusätzlich kann ein Eßlöffel frische Sahne genommen werden.
Auch die Kartofelsuppe wird nun bereichert mit feingehackter Petersilie und feingeraffelten Möhren, die roh zugegeben und nicht gekocht werden, desgleichen Sellerie. Vor dem Anrichten geben wir ein bis zwei Eßlöffel Saflor- oder Oli-fit-Distelöl dazu. Abgeschmeckt wird stets mit Meersalz. Auch anderes Gemüse kann nun versucht werden, bis die Frischkornmahlzeit nach Evers vertragen wird, die uns der Heilung in Riesenschritten näherbringt.

Die Frischkornmahlzeit nach Evers

Wir nehmen nun drei Eßlöffel Weizen, Dinkel oder Roggen (keine Mischung!) und weichen das ganze Korn über Nacht in frischem Wasser ein. Am Morgen wird das Getreide in ein Sieb geschüttet und unter dem Wasser-

hahn abgespült, dann zurück in die Schüssel gegeben, wo es über Tag trocken stehen bleibt.
In der zweiten Nacht wird es wieder mit Wasser übergossen, am nächsten Morgen wieder im Sieb gespült. Dieser Vorgang wird so lange fortgesetzt, bis die Körner keimen und die Keimlinge ca. einen halben Zentimeter lang sind. Bei Zimmertemperatur sollte das Keimgut gehalten werden, das durch das Auskeimen basisch geworden ist und große Mengen Vitalstoffe entwickelt hat.
Am Morgen wird es wie geschrotetes Getreide zubereitet und gründlich gekaut.
Die Nahrung muß nun täglich einen großen Anteil rohes Gemüse und rohes Obst enthalten. Der Anteil soll ein Drittel der täglichen Gesamtnahrung ausmachen. Der Heilwert ist am höchsten, je größer mengenmäßig der Frischkostanteil ist.

Wir bereiten frische Rohkost

Grüner Blattsalat aller Sorten wird gut gewaschen, fein geschnitten und mit frischer Sahne, Saflor- oder Oli-fit-Distelöl, einigen Tropfen Zitrone und feingehackten Kräutern angemacht.
An Gemüse eignen sich:
- Blumenkohl: fein geraffelt, mit ungeschwefelten Nüssen oder Mandeln und süßer Pidinger Sahne.
- Grüne Gurke: ohne Schale auf dem Gurkenhobel fein schneiden, mit frischer Sahne, Saflor- oder Oli-Fit-Distelöl, feingehacktem Dill, Petersilie, Schnittlauchröllchen und Tomatenscheiben garnieren.

- Junger Kohlrabi: grob raffeln und eine süße Rahmsoße aus feinstgehackten Zwiebelchen und gehackten Mandeln bereiten.
- Weißkohl, Rotkohl: ganz fein schneiden, mit Saflor- oder Oli-fit-Distelöl, einigen Tropfen frischer Zitrone und grob geraffelten Äpfeln (sonnengereift) zubereiten.
- Kürbis: grob raffeln, 1 rote Beete reiben, 1 Apfel ohne Schale, ohne Kernhaus reiben, einige Walnüsse knacken und hacken. Süße unpasteurisierte Sahne unterziehen.
- Spinat und Mangold: in feinste Streifen schneiden, mit Saflor- oder Oli-Fit-Distelöl, einigen Tropfen Zitronensaft und feinstgehackten Zwiebeln abschmekken.
- Tomatensalat: dünne Scheiben schneiden, mit Saflor- oder Oli-fit-Distelöl, einigen Tropfen frischem Zitronensaft und Schnittlauchröllchen anrichten.
- Obst: je nach Jahreszeit, sonnengereift auch gemischt als Obstsalat mit gehackten frischen Nüssen oder Mandeln und geschlagener Sahne, dem ein Teelöffel Honig zugesetzt werden kann.
- Radieschen: waschen, putzen und über den Tag verteilt, vor jeder Mahlzeit einige essen. Pro Tag ein Bund Radieschen.
- Sellerie/Apfel/Möhre-Salat: süße unpasteurisierte Sahne mit einer Prise Meersalz, zwei Spritzern flüssigem Süßstoff und dem Saft einer halben Zitrone abschmecken und einem Teelöffel Saflor- oder Oli-fit-Distelöl unterrühren. Das Selleriestück, den geschälen Apfel und die Mohrrübe am besten im Mixer sekundenschnell zerkleinern und unterheben.

Gern können Sie nach Ihrem eigenen Geschmack variieren. In Ihrem Garten wächst vielleicht Topinambur, auch Steckrüben und Schwarzwurzeln können es sein. Alles läßt sich mit Öl, frischer Sahne, gehackten grünen Kräutern, geknackten Nüssen und einigen Zitronentropfen zubereiten. Grüne Bohnen müssen gekocht werden, roh sind sie giftig. Mit gewürfelten Kartoffeln läßt sich ein guter basischer Eintopf herstellen, dem Sie nach dem Kochen ein bis zwei Eßlöffel Oli-fit-Distelöl und reichlich gehackte Petersilie zugeben.

Alles muß gut abgeschmeckt sein. Der Kranke muß mit Genuß essen. Zucker, auch in kleinsten Mengen, ist nicht erlaubt. Er würde das Darmmilieu sofort »versauern« und neue Beschwerden verursachen.

Bei der Zusammenstellung der Gemüse sollte den Regeln Bircher-Benners gefolgt werden, nämlich möglichst zwei über der Erde und zwei unter der Erde wachsende Pflanzen kombinieren. Das hat nicht nur ernährungsphysiologische Gründe, sondern sieht auch bunter aus, denn auch das Auge »ißt« mit. Eine vollendete Garnierung regt außerdem den Appetit an.

Jeder Arzt wird Freude an Morbus Crohn-Patienten haben, die sich in dieser Weise ernähren. Medikamente können dann allmählich abgesetzt werden. Das Immunsystem wird gestärkt und ist wieder voll funktionsfähig. Der Patient wird widerstandsfähig und neigt nicht mehr zu Krankheiten, was besonders bei Kindern auffallen wird. Plötzlich macht das Leben Freude. Bewegung, Spiel und Sport wird die Muskeln stärken, und aus dem einst chronischkranken Kind wird ein belastbares, fröhliches Familienmitglied.

Wer den Schritt zur Vollwertkost gewagt hat, hat das Vertrauen zu den natürlichen Dingen der Schöpfung wiedergewonnen. Sie werden mit offenen Augen und wachem Verstand einkaufen. Das Angebot an Frischkost ist groß und stellt jeden Geschmack zufrieden.
Auch Fleisch und Fisch ist wieder erlaubt, jedoch frisch und unbehandelt. Kassler, Speck, Schinken und Wurst darf es allerdings nicht mehr geben und auch nicht die beliebten Würstchen. Dafür eine Scheibe kalten Braten auf Butter und Vollkornbrot. Auch Käse vom Stück darf es sein. Schmelzkäse bleibt für immer verboten. Käse gerieben, gibt sogar Kartoffel- oder Reissuppe Würze, nur überbacken ist er stark gesundheitsschädlich. Erlaubt ist geriebener Käse auch auf Vollkornnudeln mit Soße aus frischen Tomaten und Zwiebeln. Zum Erhitzen eignet sich Brat- und Fritieröl, wenngleich Fritieren zukünftig nicht mehr erlaubt ist. Überhitztes Fett ist äußerst gesundheitsschädlich und Auslöser von Morbus Crohn.
Nach jahrelangem Leidensdruck wird jeder bereit sein, krankmachende Eßgewohnheiten zugunsten gesunder, vollwertiger Allergie-Heilkost aufzugeben. Den Unbelehrbaren ist nicht zu helfen.

Allgemeine Ernährungstips

Ein Frühstück, das schmeckt und heilt!

Wie vielversprechend beginnt ein Tag, der mit einem feinen Frühstück eingeleitet wird.

Wenn Sie aufmerksam gelesen haben, ersinnen Sie selbst wohlschmeckende Kombinationen ganz nach Ihrem Geschmack, mit denen Sie den Gaumen erfreuen und Gesundheit erlangen.
Gerade in der Allergie-Heilkost und Vollwertküche bieten sich viele Variationen an, die hier mit verschiedenen Getreidesorten, die logischerweise unterschiedlich schmecken, angeboten werden.
So ist es ein leichtes, auch für Allergiker und besonders für das geschwächte Kind, das infolge der vielen Medikamente appetitlos ist, mit Liebe und Einfallsreichtum das Frühstück zu einem erfreulichen Ereignis zu machen.
Da frisches Obst meist gern gegessen wird, besonders wenn es mundgerecht mit etwas *frischer* (geschlagener) Sahne, Nüssen und Honig serviert wird, ein guter Start in den Tag.

Der Morgentrank

Es ist sehr zu empfehlen, unmittelbar nach dem Aufstehen ein bis zwei Gläser Gemüsebrühe oder Kräutertee zu trinken. Diese basischen Getränke unterstützen die Ausscheidungsorgane: den Darm, die Nieren und die Haut.
Tüchtige Bewegungen in den ersten Morgenstunden fördern den Reinigungsprozeß des Körpers. Morgengymnastik, Dauerläufe, Yoga und der Fußweg zur Schule und zum Arbeitsplatz helfen nicht nur, die Kohlensäure herauszuatmen und die Zellen mit frischem Sauerstoff zu versorgen, sondern machen auch froh und wohlgemut und bringen einen erst so richtig in Schwung.

1. Zubereitung der Gemüsebrühe
Für drei Personen koche man bei schwacher Hitze etwa fünfundzwanzig Minuten in 1½ Liter Wasser zwei feingeschnittene Kartoffeln (ergibt eine stark basische Brühe), ein bis zwei ebenso fein geschnittene gelbe Rüben (Karotten), zwei große Scheiben Sellerie, ein größeres Wirsing- oder Weißkrautblatt, etwas Lauch (Rheumakranke müssen Lauch, Zwiebeln und Knoblauch meiden; Leberkranke auch), eine kleine Zehe Knoblauch, wenig Kümmel. Im Laufe des Tages anfallende Salatblätter oder Stiele und Gewürzkräuter verfeinern die Gemüsebrühe.
Die Gemüsebrühe wird am Tag vorher mit den Kartoffeln gekocht, abgegossen und am Morgen nur leicht angewärmt getrunken. Dies ist ein gesunder Morgentrunk, der alle Beschwerden vertreibt.

2. Der Tee sollte ebenfalls basisch sein
Folgende Teesorten sind geeignet: Angelika, Arnika, Augentrost; Basilikum, Breitwegerich, Brennessel; Ehrenpreis, Eibischwurzel, Eisenkraut; Fenchel, Frauenmantel; Hauhechel, Huflattich; Johanniskraut; Kamille, Kümmel; Melisse; Pfefferminze; Ringelblume, Rosmarin; Schlüsselblume, Silbermantel, Spitzwegerich; Thymian; Weißdorn, Wermut.
Saure Tees: Hagebutte, Malve, Apfel, sind zu meiden.

Zubereitung:
Blüten, Blätter werden gebrüht oder kalt angesetzt und erwärmt. Wurzeln werden kurze Zeit gekocht, ebenso Körner (Kümmel, Fenchel). Alle Teesorten läßt man nur eine Minute ziehen und gießt sofort ab. Für ½ Liter Tee werden nur ¼ bis ½ Teelöffel Kräuter genommen. Wie in der Homöopathie wirkt hier die schwache Dosierung am besten.

Müsli

Ein Wort, das freundlich klingt und den ersten Schritt zur Heilung bedeutet. – Das Müsli der Allergie-Heilkost hat mit den käuflichen Fertig-Müslis bestenfalls den Namen gemeinsam.
Das Müsli der Allergie-Heilkost wird am Abend frisch geschrotet und sofort in einen Teller mit frischem Wasser gegeben. Wir vermeiden dadurch die Oxydation an der Luft und erhalten außerdem eine Reihe wichtiger B-Vitamine.
Lassen Sie sich nicht verleiten, Getreide nicht einzuwei-

chen, z.B. den weichen Hafer. Es geht dabei nicht nur um das Geschmeidigwerden der Körner, sondern auch um das Phytin. Deshalb müssen selbsthergestellte frische Haferflocken mindestens ½ Stunde eingeweicht werden.
Die Grundzutaten im Müsli sind Äpfel, die aromareichsten, saftigsten, die Sie finden können, und Bananen, die wertvolles Kalium enthalten. Auch kann man 2 TL *ungeschwefelte* Rosinen mit einweichen (etwa 20 Stück).
Wegen des notwendigen Fettanteils ist 2 TL Oli-fit Distelöl unerläßlich. Dieses Öl hilft dem Körper bei der Verwertung der Vitamine und hat bei angegriffenen Schleimhäuten einen hohen heilerischen Wert.
Das angegebene Schlagrahmhäubchen aus wirklich *frischer* Sahne – 2 bis 4 EL – ist ein Guten-Morgen-Gruß an die Zunge – und alles rutscht besser. Wir wollen ja mit Genuß essen.

Aus den Frühstücksvorschlägen geht eine gewisse Regelmäßigkeit hervor, die, wie Sie richtig vermuten, wir nicht dem Zufall überlassen wollen.
So macht stets das rohe Müsli den Anfang. Es ist anhaltend sättigend, so daß sich Brote und Vollkornsemmeln erübrigen, es sei denn zum 2. Frühstück in der Schule oder Arbeitsstelle. Müsli ist eine empfindliche Sache, das, wenn es mit Frischobst angereichert ist, nicht lange herumstehen sollte. Der Vitaminverlust setzt augenblicklich ein. Man denke nur an den geriebenen Apfel, an die Banane und die geschlagene Sahne. Nach 20 Minuten rutscht alles zu einem klebrigen Brei zusammen, der alles andere als appetitlich aussieht.

Auch wenn in einer Asthma-Klinik viele Portionen hergerichtet werden, muß das Anrichten reibungslos und ohne Zeitverlust erfolgen. Das Frischobst wird in Minuten züig geschält, geschnitten oder geraffelt, die Sahne mit Honig geschlagen und verteilt oder pro Teller mit 2 TL Honig serviert.

Grundrezept für Müsli (1 Person)

Am Vorabend *60 g Hafer* *(später auch anderes Getreide)* *1 Tasse frisches Wasser* *1 TL ungeschwefelte Rosinen*	Hafer mittelfein schroten. (Am Anfang tut es eine kleine elektrische Kaffeemühle Moulinex.) In einen Teller das Wasser und die Rosinen geben, das Getreide einweichen und zudecken.
Am nächsten Morgen: *1 Spalte Zitrone* *1 mittelgroßer Apfel* *(eigene Ernte ungeschält)* *½ große oder 1 kleine Banane* *1 TL Distelöl** *2–4 EL frischer Schlagrahm*	Apfel schälen, grob raffeln oder fein schneiden. Banane schälen, in Scheiben schneiden. Zitrone darüber träufeln. Öl unterheben. Frischobst verteilen und mit Schlagrahm garnieren.
Zum Bestreuen: *6 frische süße Mandeln* *1 TL Honig*	Haben Sie im Garten Ringelblumen oder Gänseblümchen, können Sie auch damit garnieren (gewaschen). Den Honig schlagen Sie entweder mit der Sahne oder lassen ihn darüber fließen. Die Mandeln werden im Moulinex zerschlagen und über das Müsli gestreut. Fertig!

Lieferanten-Nachweis im Anhang

Aus Weizen

Sie können nach dem Grundrezept verfahren oder die Körner anstatt zu schroten einige Tage auskeimen lassen. Lesen Sie bitte nach im Kapitel »Von Keimen und Sprossen«. Keimmüsli schmeckt besonders fein mit am Abend in Wasser eingeweichten *ungeschwefelten* Aprikosen als Trockenfrüchte. Äpfel sind als Trockenfrüchte nicht geeignet, weil diese geschwefelt sind. Zum Schluß den Rahm mit einem Hauch Zimt überstäuben.

Aus Hirse

Ein hartes Getreide, das wir einweichen und am nächsten Tag kochen. Gut schmecken dazu rote oder schwarze Johannisbeeren, reife Himbeeren oder geschälte, in Scheiben geschnittene Kiwifrüchte. Distelöl oder Sojaöl nicht vergessen, den Schlagrahm und die gescheibelten süßen Mandeln. Wer eine empfindliche Blase hat oder an Prostatabeschwerden leidet, sollte über jedes Müsli täglich 1 EL Kürbisgranulat streuen (Reformhandel).

Aus Roggen

Wie Grundrezept. Als Obst frische Zwetschgen odere eingeweichte Kurpflaumen – ungeschwefelt – vierteln; mit frischen Walnußkernen, einem Hauch Zimt ergänzen. Gut sind auch Weintrauben, die jedoch gewaschen, geschält, halbiert und von den Kernen befreit werden müssen (Kerne enthalten Rückstände).

Aus Buchweizen

Die Körner vom Buchweizen werden nur eingeweicht. Wegen seines hohen Gehalts an nervenstärkendem Lecithin und Eiweiß sollte er öfter auf dem Speiseplan stehen. Er schmeckt am besten mit vollreifen Früchten und frischer Sahne, die mit Honig geschlagen wurde.

Aus Gerste

Wie Grundrezept oder frische Erdbeeren auf dem Rahm verteilen, mit einigen Pinienkernen bestreuen und abrunden; sie sorgen für das notwendige Öl. Sie können die Gerste auch kurz aufkochen, eine Stunde quellen lassen, mit Honig und Sahne servieren. (Gerste schroten!)
Dazu passen auch mitgekochte, ungeschwefelte Weinbeeren.

Müsli mit Obstmus für Kleinkinder

Wie Grundrezept. Das *Frischobst* – auch tiefgekühlte Himbeeren – geben wir mit 1 TL Honig in den Mixer und pürieren es. Wir servieren mit frischer Schlagsahne und 1 TL Distel- oder Sojaöl. Zur Abwechslung auch mit frischen Walnüssen, die wir eigenhändig knacken und zermörsern.

Gekochtes Müsli

Im Prinzip verfahren wir wie im Grundrezept, nur daß Sie für 60 g Getreideschrot ca. 5 Tassen Wasser zum Einweichen nehmen und am nächsten Morgen alles zusammen aufkochen – kurz – und quellen lassen. Wir geben geriebenen Apfel, 1 TL Honig und 2 bis 4 EL frische Sahne dazu und heben alles vorsichtig unter.
Variante: Der geriebene Apfel kann kurz mitgekocht werden.

Hirsebrei mit Zwetschgen

70 g Hirse
200 ml Wasser
½ Tasse Frischrahm
1 Prise Meersalz
500 g vollreife Zwetschgen
1 EL Honig

Hirse mit einer Prise Vollmeersalz aufkochen, 15 Minuten leise köcheln und umrühren. Vom Feuer nehmen, abkühlen, Sahne und Honig einrühren. Zwetschgen waschen, entsteinen und mit Honig im Mixer pürieren und über den Brei geben.

Frühstück zum Mitnehmen

Anstelle des chemisch konservierten Kantinenessens kann der Allergiker Müsli mit zur Arbeitsstelle nehmen und dort mit den notwendigen Zutaten anreichern, also Frischobst, Honig usw. Nur sollte das Getreide erst am Morgen geschrotet und eingeweicht werden. Das Müsli könnte vom Abend bis zum nächsten Mittag nicht mehr frisch sein. Deshalb Vorsicht.
Auch Vollkornbrot von der Firma *Batscheider* garantiert

ohne Konserevierungsstoffe, kann als Frühstück dienen und ist besonders für Schulkinder geeignet.
Als Belag dient gute Butter, naturgereifter Schnittkäse vom Stück oder kalter Braten, der jedoch sehr frisch sein muß; da er kein Nitrit enthält, verdirbt er leicht. Es kommt also nur Schweine-, Kalbs- und Rinderbraten in Frage. *Auf keinen Fall Kassler oder Wurstwaren.* Diese sind streng verboten in der Allergie-Heilkost. Erlaubt sind dagegen gekochte Eier, Tomaten, geschälte grüne Gurken und Frischobst.
Streng verboten ist Schmelzkäse oder Schnittkäse in der Fertigpackung. Auch was die Medien in der Reklame anbieten, ist streng verboten.
Wer keine Milchallergie hat, darf zum Brot ein Glas Milch trinken oder stilles Mineralwasser. Auch Mineralwässer können chemisch behandelt sein und sollten vom Verbraucher getestet werden. Streng verboten sind sämtliche Fruchtsaftgetränke der Industrie.

Backen von Brot und anderen gesunden Leckereien

(Nach Eduard A. Brecht)

Mit dem Selbstbacken von Brot bekommen wir wieder Kontakt zur Welt unserer bäuerlichen Vorfahren. Wir mahlen unser Getreide selbst, wir mischen die verschiedenen Getreidesorten und Zutaten wie einst unsere Vorfahren.
Wir lernen das mild-würzige Getreide kennen, das mit seinem Aroma durch unsere Hände rieselt. Wir erleben

den herrlichen Duft, der dem Backofen entströmt und das ganze Haus und Wohnung mit Zauber erfüllt. Wir essen wieder selbstgebackenes Brot aus dem vollen Korn. Wir lernen wieder die Fladen unserer Vorfahren kennen, die so herrlich duften, die so wunderbar schmecken und die dem Körper so gut bekommen. Wir werden zu Zauberern ungetrübten Wohlbefindens. Mögen andere sich langweilen und krankmachende Dinge essen. Wir wissen Besseres: Wir kochen und backen Urgenüsse, die uns fit halten.
Hefeteig eignet sich je nach Zutaten ebensogut zur Brot- wie Kuchenbereitung.

Hefegrundteig aus Weizen – nach Schnitzer

700 g kaltes Wasser
80 g Hefe
1 EL Honig
3 TL Meersalz
1200 g Weizen oder Dinkel
2 EL Butter

In eine große Backschüssel geben wir Wasser, Hefe, Salz und Honig und vermischen alles gut. Nun erst mahlen wir das Getreide mittelfein, lassen es in die Schüssel rieseln und kneten kräftig 12 Minuten. Während der Teig 10 Minuten ruht, lassen wir die Butter langsam zergehen und kneten sie unter den Teig.
Gebacken wird bei 250 Grad.
Je nach Größe des Teigstücks ist die Gehzeit von 10–12 Minuten wichtig. Die Bäuerin gießt nach dem Einschieben 1 Tasse heißes Wasser auf den Boden. In einem Gas- oder Elektro-Backofen stellen wir ein Töpfchen heißes Wasser auf den Boden und schließen die Tür.

Semmeln auch auf Vorrat

Je nach der gewünschten Anzahl wiegen Sie auf einer Briefwaage Teigstücke von 50 g ab, legen sie auf ein bemehltes Backbrett und drehen alle Semmeln mit der Hand in eine Richtung bis sie eine leicht glänzende Teighaut haben. Nun decken Sie die Semmeln mit einem Tuch ab und lassen sie an einem warmen Ort aufgehen.
Beobachten Sie sie gut. Die Semmeln dürfen weder zu klein noch zu flach sein. Meist genügen 10–12 Minuten. Mit der Zeit entwickeln Sie die notwendige Routine. Im Backofen, der auf 250 Grad vorgeheizt wird, brauchen die Semmeln 20–30 Minuten Backzeit, nicht länger, denn die Semmeln sollen knusprig und nicht hart sein. Vergessen Sie nach dem Einschieben des Backblechs nie das Töpfchen mit heißem Wasser, das für die notwendige Feuchtigkeit sorgt. Die Bäuerin auf dem Land, die in einem großen Backofen backen kann, der mit Holz erhitzt wird, gießt eine größere Tasse Wasser auf den Boden und schließt die Tür.
Die ersten Semmeln werden am gleichen Tag verspeist, die anderen wandern nach dem Abkühlen in den Tiefkühlschrank.
Ohne Einbuße an Qualität werden sie, mit Wasser bepinselt, in den 250 Grad heißen Backofen geschoben und in ca. 10 Minuten aufgebacken.

VARIATIONEN

Einfache Methode – vielfältige Ergebnisse

Sesambrötchen

300 g Teig
50 g Sesam

Da Sesam erst bei 200 Grad sein volles Aroma entwickelt, geben wir ihn für 5 Minuten auf ein Backblech in den Ofen. ¾ kneten wir in den Teig, formen schöne Brötchen, die wir mit Wasser bestreichen und mit dem Rest Sesam bestreuen. Unter einem Tuch gehen sie am warmen Ort in 10 bis 15 Minuten auf. Beim Einschieben hat der Ofen 250 Grad. Nicht das Töpfchen Wasser vergessen. Backzeit 20–30 Minuten.

Korinthenlaiberl oder -Nudeln

300 g Teig
50 g Korinthen ungeschwefelt
3 EL Wasser
¼ TL Vanille aus der Schote
1 EL gesiebtes Mehl

Korinthen 1 Stunde einweichen, durch ein Sieb geben und unterkneten. Laiberl formen. Vanille ausschaben, mit dem Mehl mischen und die Laiberl darin wenden. Zugedeckt 10–15 Minuten gehenlassen. Ofen auf 250 Grad vorheizen. Laiberl einschieben, Töpfchen mit heißem Wasser auf den Boden stellen und die Tür schließen. Backzeit 20–30 Minuten.

Korinthenlaiberl in der Form

Eine runde Form mit weicher Butter ausstreichen. Die Laiberl mit 1 cm Abstand gleichmäßig in der Form verteilen. Mit einem Tuch bedecken und an einem warmen Ort etwa 30 Minuten gehenlassen. Die Laiberl mit Wasser bestreichen und im vorgeheizten Backofen, Gasherd Stufe 5, 40 Minuten backen, dann abkühlen und stürzen, umwenden und im Ganzen serviern. Die Laiberl bei Tisch einzeln mit der Hand abbrechen.

Mohnbrötchen

300 g Teig
20 g Mohn

Brötchen formen, mit Wasser bestreichen, Mohn aufstreuen und auf dem Backblech verteilen und einkreuzen. Mit einem Tuch bedecken und an einem warmen Ort etwa 15 Minuten aufgehen lassen. Ofen auf 250 Grad vorheizen und ca. 30 Minuten backen, eher weniger. Die Brötchen sind fertig, wenn sie beim Beklopfen hohl klingen.

Teigtaschen mit Käse und Bündnerfleisch

300 g Teig
75 g Ricotta-Käse
75 g Parmesankäse vom Stück
1 Ei
Pfeffer

Gleichmäßige Teigstücke auf 20 cm Durchmesser ausrollen. Die Käsemischung zubereiten. Den Ricotta-Käse durch ein Sieb streichen. Parmesan reiben, mit Pfeffer und Ei zu einer glatten Mischung rühren. Teig mit Oli-fit-Distelöl bestreichen, die Masse verteilen, mit 1 Scheibe Bündnerfleisch belegen und Teig ausrollen. Auf dem Blech zugedeckt 10 Minuten gehenlassen und bei 250 Grad 20–30 Minuten backen.

Eingelegter Schafskäse

Aus der Normandie

500 g milder Schafskäse
50 g Mandeln
einige Lavendelblüten, frisch
einige Knoblauchzehen
frische Basilikumblätter
1 Thymianzweig

Mit den frischen Gewürzen und Mandeln tendiert dieser eingelegte Schafskäse zum Basischen und ist von großem Wohlgeschmack. Wir nehmen eine Terrine mit Glasdeckel, schneiden den Käse in Portionswürfel, schichten ihn mit süßen Mandeln, frischen Lavendelblüten, 5 Knoblauchzehen, frischen Basilikumblättern und Thymianzweig ein und übergießen ihn mit Oli-fit-Distelöl, bis der Käse bedeckt ist. Nach 2 Tagen ist er fertig. Auf grünen Salatblättern, zu Vollkornbrot oder Mandelbrot ist er ein Gedicht.

Hefezopf mit Rosinen

300 g Teig
50 g ungeschw. Rosinen
1 Eigelb
1 EL Wasser

Rosinen über Nacht einweichen, abtropfen und unter den Teig kneten. 3 gleiche Teigteile einzeln zu Rollen formen; Anfang u. Ende spitz zulaufend. Die Teigstränge anordnen und flechten. Anfang und Ende unterschlagen. An einem warmen Ort mit feuchtem Tuch zugedeckt gehenlassen, bis sich der Zopf fast verdoppelt hat. Eigelb mit Wasser schlagen und den Zopf bestreichen. Im Ofen bei 230 Grad 40 Minuten backen. Er muß braun sein und hohl klingen.

Zwiebelkuchen

300 g Teig
500 g Zwiebeln
3 EL Distelöl Oli-fit
3 Eier
⅛ saure Sahne
Meersalz
Pfeffer

Den Teig ausrollen, Boden und Rand einer gebutterten Springform auslegen und 12 Minuten zugedeckt gehen lassen.
Während dieser Zeit Eier, Sahne, Salz und Pfeffer cremig schlagen, unter die Zwiebeln heben und einfüllen. Bei 250 Grad 20 bis 30 Minuten backen und warm zu Bier servieren.

Weizenbrot mit Mandeln

300 Teig
100 g Mandeln

Durch die Mandeln ist auch dieses Weizenbrot basisch. Die gehobelten Mandeln werden mit dem Teig verknetet. Ein Brot formen und mit Wasser bestreichen. Schneiden Sie es gleichmäßig einige Male mit einem scharfen Messer ein, und lassen Sie es 20 Minuten zugedeckt gehen. Bei 250 Grad wird es 20–30 Minuten gebacken. Klopfen sie auf den Boden, muß es hohl klingen.

Zwetschgendatschi

300 g Teig
1 Eiweiß
1000 g Zwetschgen
100 g Butter
1 Eierlöffel Reformzimt
2 EL Honig
etwas Butter und Mehl für das Blech zum Ausrollen
1/4 Frischrahm
1 EL Honig

Den ausgerollten Teig mit angeschlagenem Eiweiß bestreichen, das verhindert das Durchweichen des Bodens.
Zwetschgen waschen, entkernen und mit einem scharfen Messer ein- aber nicht durchschneiden und die gleichmäßigen Spalten schuppenförmig auf den Teig legen. Den Zimt durch ein feines Sieb über die Zwetschgen stäuben. Butter und Honig in einem Pfännchen vorsichtig schmelzen und mit einem Löffel gleichmäßig über den Kuchen geben. Bei 250 Grad 20 bis 30 Minuten bakken. Mit geschlagenem Honigrahm servieren.

Apfelkuchen mit Korinthen

300 g Teig
1000 g Äpfel
200 g frischer Süßrahm
1 Eiweiß
1 EL Honig
Butter und Mehl fürs Blech

Backblech mit weicher Butter einpinseln und mit Mehl bestäuben. Den Teig ausrollen und Rand andrücken.
Mit Eiweiß, das auf einem Teller angeschlagen wurde, bestreichen.
Backofen auf 200 Grad vorheizen.
Äpfel schälen und achteln, den Teig reihenweise dicht belegen.
Darüber die Korinthen streuen und den Kuchen zugedeckt 15 Minuten gehen lassen. Bei 220 Grad 30 Minuten backen.
Die Sahne mit Honig schlagen und servieren.

Pizza mit Bündnerfleisch

300 g Teig
1/8 Brat- oder Fritieröl
1 große Zwiebel
1 grüne Paprika
100 g frische Champignons
2–3 frische Tomaten
1 Mozzarella
30 g Parmesan vom Stück
1 TL Oregano
1 EL Basilikumblätter u. Öl
50 g Bündnerfleisch

Der ausgerollte Teig wird mit 2–3 EL Distelöl bestrichen. Die Zwiebel schälen, dünn scheibeln und andünsten. Die frische Paprikaschote waschen, Deckel abschneiden, aushöhlen und in feine Streifen schneiden. Champignons waschen und schneiden. Tomaten waschen, in Scheiben schneiden und auf dem Teig verteilen, darüber Paprikastreifen, Champignons und gewürfeltes Bündnerfleisch geben.
Backofen auf 250 Grad vorheizen.
Mozzarella in kleine Scheiben schneiden, Parmesan fein reiben und mit Oregano auf der Pizza verteilen, mit Basilikumöl beträufeln und einige Basilikumblätter verteilen.
Bei 250 Grad 20 bis 30 Minuten backen.

Hackfleischpastete

250 g Hackfleisch halb und halb, frisch
½ TL Vollmeersalz
1 Ei
Prise Pfeffer
3 Zwiebeln
2 Lauchstangen
1 Knoblauchzehe
4 Tomaten, mittel
4 EL Brat- und Fritieröl
4 EL Milch
1 Bund Petersilie, frisch

Eine gefettete Springform mit einem entsprechenden Stück Hefeteig belegen. Aus einem weiteren Stück Teig eine lange Wurst rollen und fest an den Rand drücken. Den Teig überall mit einer Gabel einstechen und 15 Minuten gehenlassen.
Die Lauchstange der Länge nach halbieren, gut waschen und in 3 cm Stücke schneiden. 2 große Zwiebeln schälen und hacken, auch die Knoblauchzehe und mit dem Hackfleisch, Ei, Salz, Pfeffer gut verkneten. Den Fleischteig auf den Teig legen und rundum mit Tomatenvierteln belegen. Lauch und letzte Zwiebel in Öl andünsten, in die Mitte geben. Rand mit Milch einpinseln, Brat- u. Fritieröl über die Pastete geben und die Form bei 200 Grad 40 Minuten backen. Mit Petersilie servieren.

Zartes Blattgemüse in Pastete

500 g Teig
500 g Spinat u. Brennesseln
1 Zwiebel
1 Prise Muskat
1 TL Meersalz
1 EL Oli-fit-Distelöl
1 Prise Pfeffer
1 EL Pinienkerne
2 EL Sahne
1 Eiweiß
1 Eigelb

Den Teigboden mit angeschlagenem Eiweiß bestreichen, damit er nicht durchweicht. Mit dem mit wenig Wasser verrührten Eigelb den Pastetendeckel einpinseln und den Teig mit einer Gabel zum Entweichen des Dampfes mehrmals einstechen.
Jungen Blattspinat und junge Brennesselspitzen in wenig Wasser aufwallen, abgießen und hakken. Die Zwiebel würfeln und in Öl dünsten. Den Spinat mit Salz, Pfeffer und Muskat abschmecken und Pinienkerne unterheben. 2 EL Sahne unterrühren.
Eine gebutterte Springform mit Teig auskleiden, so daß er etwas über den Rand hängt. Die Masse einfüllen, den Rand nach innen über die Füllung geben. Den restlichen Teig ausrollen und die Pastete bedecken und am Rand leicht andrücken. Bei 190 Grad 50 Minuten goldbraun backen. Warm servieren.

Salatsaucen, Salate, Vorspeisen, kleine Abendessen

Blattsalate reichen wir in der Regel mit einer pikanten Salatsauce. Wenn wir aber rohes Gemüse raffeln und es als Salat reichen, geschieht das besser mit einer Mayonnaise. Auch Mayonnaise kann man so bereiten, daß sie keinen Schaden anrichtet, sondern aus Zutaten besteht, die Ordnung im Körper halten und heilerische Wirkung haben.

Mayonnaise ohne Eier als Schnellgericht

2 EL Distelöl
1 Zitrone/Saft
4 EL frische Sahne
1 Prise Vollmeersalz
½ TL Reform-Senf
3 Spritzer Natreen

Alle Zutaten in eine Salatschüssel geben und unter Rühren die Sahne einfließen lassen.
Fertig. Alle grünen Salate lassen sich damit einrichten.

Variante
1 kleine Zwiebel
1 EL frische, gehackte Petersilie (gut gewaschen)

oder
1 EL Schnittlauch
1 EL gehackte Petersilie
1 EL gehackter Borretsch

Apfel-Möhren-Selleriesalat (für 2–3 Pers.)

1 Apfel
1 Möhre
1 Stück Sellerie
Mayonnaise wie oben beschrieben

Apfel schälen, Möhre putzen, Sellerie schälen und alles in walnußgroße Stücke schneiden.
Im Moulinex in Sekunden zerkleinern. Zum Schluß den Sellerie unter die Mayonnaise heben und gleich servieren.

Gurkensalat Mayonnaise wie oben (für 3 Personen)

1 grüne Gurke
1 TL frischer Dill
oder
Brecht-Trockendill

Gurke dünn schälen, fein hobeln, Dill waschen, abzupfen und schneiden und mit der Mayonnaise anmachen.

Chicoréesalat (für 3 Personen)

2 Stauden Chicorée
1 EL EDEN-Tomatenpüree

Chicorée waschen, entblättern und auf Dessertteller verteilen. Wir rühren in die Mayonnaise EDEN-Tomatenmark und geben sie als Dip in die Mitte des Tellers. Tauchen jedes Blatt ein und führen es mit der Hand zum Mund.

Tomatensalat (für 4 Personen)

6–8 Tomaten
1 Zwiebel
4 EL Distelöl
½ Zitrone/Saft
Pfeffer
Vollmeersalz

Zitronensaft, Distelöl, Salz und Pfeffer in eine Salatschüssel geben, die sehr fein geschnittene Zwiebel hineingeben und alles gut vermischen.
Von den gut gewaschenen Tomaten schneiden wir die Stieldeckel ab und legen sie beiseite, nehmen sie nicht zum Salat.
Mit einem scharfen Messer werden gleichmäßige Scheiben geschnitten und vorsichtig unter die Sauce gehoben. Salat 10 Minuten durchziehen lassen.

Tomatensalat mit Mozzarella (4 Personen)

4 Fleischtomaten
½ Zitrone/Saft
4 EL Distelöl
1 Schalotte
1 Bund Basilikum, frisch
Pfeffer
Vollmeersalz
250 g Mozzarella
möglichst von Büffelmilch

Tomaten gut waschen, den Stieldeckel abschneiden und weglegen. Die Tomaten in gleichmäßige Scheiben schneiden.
Den Mozzarella abtropfen, ebenfalls in Scheiben schneiden und mit den Tomatenscheiben ziegelartig auf einer flachen Schale schichten.
Aus Öl, Zitronensaft, Salz, Pfeffer und der kleingeschnittenen Schalotte Dressing rühren, den Salat übergießen und mit gewaschenen Basilikumblättern anrichten, garnieren und servieren.

Frühlingseier in grüner Mayonnaise (für 4 Personen)

8 hartgekochte Eier
4 EL Distelöl
1 Zitrone/Saft
Meersalz
Natreen, flüssig
¼ Rahm, frisch
1 Bund Schnittlauch
1 Bund Petersilie, glatt
1 Stengel Estragon
1 Stengel Basilikum
1 Blatt Liebstöckel
3 Blatt Zitronenmelisse
1 Knoblauchzehe

Wir waschen die frischen Kräuter, zupfen sie von den Stielen ab und geben diese mit der geschälten Knoblauchzehe in den Moulinex zum sekundenschnellen Zerkleinern.
In einer größeren Salatschüssel rühren wir aus Öl, Zitronensaft, Salz, Natreen und Sahne Mayonnaise und rühren die frischen Kräuter unter.
Wir schälen und halbieren die gekochten Eier und lassen diese in der grünen Mayonnaise untergehen.
Zu diesem gesunden, frischen Gericht servieren wir Pellkartoffeln.

Avokado mit Bündnerfleisch

2 Avokado, weich
1 Tomate, mittel
50 g Bündnerfleisch
3 EL Distelöl
1 Zitrone/Saft
1 Bund Schnittlauch
Meersalz
Pfeffer

Avokados waschen, halbieren, entkernen, schälen und der Länge nach in dünne Scheiben schneiden, die auf einem Portionsteller fächerartig angerichtet werden.
Aus Öl, dem frischgepreßten Zitronensaft, Prise Meersalz, Pfeffer und dem gewaschenen Schnittlauch bereiten wir ein Dressing, das wir auf der gewürfelten Tomate und je Teller mit Bündnerfleisch servieren.

Avokadocreme (4 Personen)

250 g halbfetter Quark
1 Zitrone/Saft
2 Eigelb
1 EL Honig
2 weiche Avokados
4 EL Kürbiskerne

Quark mit Eigelb, frischem Zitronensaft und Honig pürieren.
Die Avokados waschen, schälen, halbieren, Kerne entfernen und das Fruchtfleisch durch ein Sieb drücken und mit der Quarkmasse gut vermischen.
Die Avokadocreme in 4 Dessertschalen füllen und 20 Minuten im Kühlschrank kaltstellen. Die Kürbiskerne im Mörser zerstoßen und zum Anrichten aufstreuen.
(Kürbiskerne haben einen hohen heilerischen Wert auch bei Blasen- und Prostataleiden.)

Avokado mit Eismeerkrabben (4 Personen)

500 g Eismeerkrabben tiefgekühlt
2 Avokado, weich
4 EL Distelöl (Oli-fit)
6 EL Rahm, frisch
1 Zitrone/Saft
3 Spritzer Natreen
1 Prise Salz
1 Dose EDEN-Tomatenmark (Reformhaus)

Die Eismeerkrabben auftauen, abspülen und in ein Sieb schütten. Aus Öl, Salz, Zitronensaft und Rahm rühren wir mit wenigen Spritzern Natreen die Mayonnaise an und geben zum Schluß das Tomatenmark dazu. Krabben unterheben.
Die Avokados werden gewaschen, entkernt, dünn geschält und in Scheiben fächerartig auf vier Teller verteilt.
Wir servieren mit Weizen-Toast und Butter. Nach dem Hefegrundrezept backen wir das Brot selbst. – Toastbrot, geschnitten und abgepackt, ist stets chemisch konserviert und daher für die Allergie-Heilkost nicht geeignet. Sprechen Sie mit Ihrem Bäcker, vielleicht bäckt er ein Toastbrot à la Schnitzer.

Salatmarinaden

für rohe Salate:
3 EL Distelöl
2 EL Zitronensaft, frisch
½ TL Vollmeersalz
Pfeffer nach Geschmack
2 Spritzer Natreen
1 kleine Zwiebel
1 TL gehackte Petersilie
½ TL frischer Dill
Prise Estragon
4 EL frischer Rahm
½ TL Reform-Senf

für gekochte Salate:
von grünen Bohnen, Spargel, Sellerie, Kartoffeln
3 EL Distelöl
1 Zitrone/Saft
1 TL Meersalz, gestrichen
Pfeffer aus der Mühle, muß nicht sein
2 Spritzer Natreen flüssig
⅛ l Gemüse- oder Fleischbrühe (nicht künstlich)
1 feingehackte Zwiebel
1 EL gehackte Petersilie

Diese Salate kaltstellen und 30 Minuten durchziehen lassen.

Zwischenmahlzeiten

Es eignen sich: Halbfetter Quark mit 1 TL Honig und frischen Früchten.
Oder: 1 dicke Scheibe einer gelben, frischen Ananas, sauber geschält und mundgerecht zerteilt, für Kleinkinder mit 1 TL Honig gemixt.
Die beste Form, Obst zu sich zu nehmen, ist die von der Hand in den Mund und dies am besten dort, wo das Obst geerntet wird. Aber es hat nicht jeder einen Garten. Und so nehmen wir auch die Köstlichkeit, die im Handel sind.
Es werden Ihnen hier drei Grundarten der Obstzubereitung angeboten, die unbegrenzte Kombinationsmöglichkeiten enthalten. Sie sollten unabhängig werden, selbständig und selbstschöpferisch in den Kern der Allergie-Heilkost vordringen.

1. Für Rohsalate eignen sich:
Erdbeeren, Walderdbeeren, Heidelbeeren, Brombeeren, schwarze Johannisbeeren; reife, geschälte Pfirsiche; Äpfel geschält; aus dem eigenen Garten ungeschält, desgleichen Birnen. Dann entsteintes Obst: Kirschen, Schattenmorellen, Reineclauden, Mirabellen. Orangen, Mandarinen, frische Ananas, Bananen, Pampelmusen, Honigmelonen, *ungeschwefelte* Mangofrüchte, frische ungeschwefelte Feigen und Datteln, Kiwifrüchte. Exotische Früchte immer auf Schwefel testen. Sobald allergische Reaktionen auftreten, *weglassen*!

2. Man nimmt die Früchte einzeln oder kombiniert sie nach Geschmack zu Fruchtsalat mit 1 TL Honig.
Man reichert sie an mit geschrotetem, eingeweichtem Getreide und frischer Sahne, Kefir, Nüssen.

3. Rohe Brotaufstriche und Früchte-Rohmarmelade
Beide Früchte-Roh-Zubereitungen eignen sich als Beilage zu Frühstücks- oder Vesperbroten. Das Früchte-Roh-Müsli eignet sich als gesunder, wohlschmeckender Brotaufstrich mit heilerischem Wert, den man nicht zu dünn auftragen sollte.
Wenn Sie einen Kaffeelöffel voll Agar-Agar-Pulver in ½ heißem Fruchtsaft auflösen, dann kurz aufkochen und mit einem weiteren ½ l Früchte-Rohmüsli vermischen, haben Sie insgesamt 1 l Rohmarmelade allerbester Qualität. Für Kinder nach dem Aufkochen mit Honig süßen.
Diese Rohmarmelade hält sich im Kühlschrank einige Tage, im Tiefkühlfach bei 18 Grad Kälte sehr lange.
Diese Anleitung ist nicht so kompliziert, wie es auf den ersten Blick erscheinen mag. Wenn Sie diesen Eindruck haben, lesen Sie die Anleitung ein- oder dreimal in Ruhe durch. Sie werden erkennen, daß hier das Problem Früchte auf einen sehr einfachen Nenner mit heilerischem Wert gebracht worden ist.

Eingekochte Früchte

Eingekochte Früchte gibt es in der Allergie-Heilkost *nicht*, diese sind wertlos und nicht zu verwenden.

Backobst

Im Handel befindliches Backobst hat meist geschwefelte Äpfel und geschwefelte Aprikosen, ist daher in der Allergie-Heilkost abzulehnen.
Ausnahme: Da Aprikosen heilerischen Wert haben, aus dem Reformhandel ungeschwefelte nehmen und diese mit ungeschwefelten Kurpflaumen einweichen und im selben Einweichwasser Haferschrot oder frische Haferflocken einweichen. Das ergibt ein gutes Frühstück oder Zwischenmahlzeit. Es kann auch für eine gesunde Vollmahlzeit einstehen. Kinder essen das sehr gern. Besseres können Sie ihnen kaum geben.

Kefir-Birnen-Müsli (für 4 Personen)

1 reife, feste Birne
1 Tasse blaue Trauben
8 Aprikosen, ungeschwefelt
oder frische Früchte
½ Zitrone/Saft
2 TL Honig
1 Becher halbfetter Kefir
2 EL Mandeln
4 EL Hafer, geschrotet

Birne schälen, vom Kerngehäuse befreien und grob raspeln. Trauben waschen, häuten, halbieren, entkernen. Das Obst in eine Schale geben und mit dem Saft der halben Zitrone beträufeln. Aprikosen schälen und achteln, eingeweichte mit Saft verwenden.
Haferflocken frisch mahlen und mit den gebrühten, abgezogenen Mandeln im Kefir verrühren, über das Obst geben und leicht unterheben.
20 Minuten durchziehen lassen.

Rote Grütze mit Sahne

500 g Johannisbeeren
¾ l Wasser
1 Zitrone, ungespritzt
80 g Gerste, geschrotet
2–3 EL Honig
¼ l frische Sahne

Wasser mit Zitronenschale und Johannisbeeren aufkochen und durch ein Sieb rühren. Dazu geben wir die geschrotete Gerste, kochen kurz auf, stellen beiseite und süßen dann erst mit Honig. Wir schüttem die Grütze in eine kalt ausgespülte Schüssel und lassen sie abkühlen.
Wir servieren mit angeschlagener Sahne.

Suppen

An dieser Stelle wird ausdrücklich darauf hingewiesen, daß bei der Allergie-Heilkost alle Suppen erlaubt sind, solange sie aus *natürlichen* Zutaten hergestellt werden.

Reissuppe

Eine akute Unpäßlichkeit im Magen-Darmbereich kann oft mit einer Reissuppe rasch behoben werden, wenn außer der Reissuppe für einige Stunden sonst nichts gegessen wird.
In 1 l Wasser kochen wir eine gewaschene, feingeschnitzelte Möhre, ein Stück Sellerie und Lauch. Den Lauch halbieren wir der Länge nach, waschen ihn gründlich unter fließendem Wasser und schneiden ihn in Ringe – ganz fein. Wir würzen mit Brecht-Kräutersalz.
Wir geben in die Suppe ¼ Tasse besten Vollreis (Reformhandel), kochen auf und lassen ihn auf kleinster Flamme köcheln. Sogar Abstellen der Elektroplatte ist möglich, die nur zum Schluß nochmals etwas Hitze gibt.
In spätestens 30 Minuten ist die Reissuppe fertig, die je nach Befinden mit einem Eigelb legieret werden kann und streuen gewaschene frische, gehackte Petersilie darüber.
Auch können Sie die Suppe mit 2 TL geriebenem Gruyerekäse abrunden und – ohne zu kochen – 1 EL Distelöl unterrühren.
1 EL Dr. Koch-Hefeflocken sind ebenfalls sehr fein (Vitamin B!).

Kartoffelsuppe

In 1 l Wasser bringen wir eine gut gewaschene kleine Stange Lauch, 1 größere Möhre, 1 Stück Sellerie – alles kleingeschnitten – mit würflig geschnittenen Kartoffeln und ½ TL Meersalz zum Kochen. Die Suppe ist in spätestens 15 Minuten gar, wird vom Feuer genommen und mit 2 EL Distelöl, 1 TL Butter und frischer gehackter Petersilie serviert.

Tomatensuppe

Wir nehmen einen größeren Topf, dünsten darin eine große kleingeschnittene Zwiebel und 500 g gewürfelte Tomaten. Wir füllen mit wenig Wasser auf, kochen 10 Minuten und rühren alles durch ein grobes Sieb. Erst jetzt geben wir 2–3 EL Distelöl dazu.
Wir würzen mit Vollmeersalz, Süßstoff und Majoran und verfeinern mit frischer Sahne, von der wir ein Häubchen in die Mitte des Tellers setzen.
Beachten Sie, daß auch diese Suppe frei ist von negativen Beigaben, ohne die man in der herkömmlichen Kochweise nicht auszukommen glaubt. Die Suppe hat bestes Fett mit seinem wohltätigen Einfluß auf den Blutkreislauf, auf Leber und Zellatmung. Das ist vorbildliche Anti-Allergie-Kost.

Fischsuppe mit Gemüse

350 g Fischfilet
Saft 1 frischen Zitrone
1 große Zwiebel
2 EL Brat- und Fritieröl
2 kleine Lauchstangen
3 Möhren
Wasser
Pfeffer aus der Mühle
Muskatnuß gerieben
100 g Eismeerkrabben, tiefgefroren
1 EL Distelöl
2 EL Sahne

Den Fisch waschen, mundgerecht schneiden und mit Zitronensaft marinieren. Kaltstellen. Zwiebel schälen, fein hacken. Lauchstangen der Länge nach aufschneiden, gut waschen und fein schneiden. Auch die Möhren schälen und scheibeln. Alles Gemüse im Topf mit Öl andünsten, salzen (pfeffern), gewünschte Menge Wasser zugeben, aufkochen. Fischstücke einlegen, ein wenig Muskat darüber reiben (Muskatreibe!) und 15 Minuten leise köcheln lassen.
Die Krabben kurz vorher auftauen, abspülen, zum Schluß an die Suppe geben, heiß werden lassen, nicht mehr kochen, 2 EL Sahne und 1 EL Distelöl zugeben. Fertig!

Echte Bouillon

Vorbereitung 10 Minuten, Kochzeit 5 Stunden!

600 g Rindfleisch, Brust oder Fehlrippe
250 g Rind- und Kalbsknochen
200 g Hühnerklein
1 Möhre
2 mittelgroße Zwiebeln
5 Petersilienstengel
1 Zwerg Thymian
1 Kleines Lorbeerblatt
100 g frische Schwarten (keinesfalls geräuchert)

Das Fleisch würfeln, die Knochen hacken. Alles in eine gebutterte Bratpfanne geben und bei guter Hitze im Ofen anbraten. Öfter umschütteln, bis alles eine gute Farbe hat.
Inzwischen einen ausreichend großen Topf mit dem kleingeschnittenen Gemüse und Kräutern auslegen, darauf die Schwarten und schließlich die angebratenen Fleischstücke und Knochen. 10 Minuten bei kleiner Hitze dünsten bis die Gemüsefeuchte austritt. 1 Gals Wasser in den Bräter geben, aufkochen und die Bratenrückstände lösen (deglacieren). Wenn das Gemüse im Topf beinahe trocken ist, diese Bratflüssigkeit zugießen und nahezu einkochen.
Nun werden 2 l Wasser aufgegossen und gesalzen (Meersalz). Langsam wird es zum Kochen gebracht und öfter abgeschäumt. Schließlich bei kleinem Feuer bis zu 5 Stunden leise geköchelt.
Der Jus wird nun durch ein Spitzsieb in eine Terrine gegossen. 15 Minuten ruhen lassen, dann sorgfältig das Fett abschöpfen und wegtun. Bei der Heilkost findet es keine weitere Verwendung.
Wenn der Jus fast ganz abgekühlt ist, gießt man ihn durch ein Tuch in einen anderen Behälter. Dabei darauf achten, daß die Rückstände am Boden nicht mitgegossen werden. Der Jus ist nun vollkommen klar, kräftig und von einem bernsteinfarbenen Braun.
Die Zubereitung einer hellen Grundbrühe wird dadurch erzielt, indem das anfängliche Anrösten im Ofen entfällt. Die Klarheit, die den hellen Jus auszeichnen muß, wird durch ein *sehr langsames* Aufkochen und aufmerksam überwachtes Kochen erreicht.

Diese herrliche Bouillon kann auf Vorrat tiefgefroren und auf verschiedene Arten abgewandelt werden.

1. mit Eigelb
2. mit Knochenmark als Einlage
3. mit Nudeln und gehackter Petersilie
4. mit frischen, in Zwiebeln gedünsteten Champignons
5. mit Flädle (dünn gebackenen Eierkuchen, gerollt und geschnitten)
6. mit Leberspätzle
7. mit Eierstich (2 Eier werden mit 4 EL Milch, Prise Meersalz, geriebenen Muskat gründlich verquirlt und in einer gebutterten Tasse im Wasserbad zugedeckt langsam gekocht. Ist die Masse fest, wird sie mit dem Messer ausgelöst und in gleichmäßige Stücke geschnitten).

Zur Verfeinerung einer Suppe kann durchaus ein Gläschen *trockener Sherry* genommen werden. Jedoch *niemals* Wein, Speck/Schwarten, Kassler, Pökelfleisch, Kunstsuppen.

Fisch, Eismeerkrabben und Krustentiere

Genießen Sie Meeresfrüchte Ihrer Gesundheit zuliebe.
Meeresfrüchte sind hervorragende Vitaminträger.
Meeresfrüchte und Fisch haben wertvolles Eiweiß und einen hohen Gehalt an Spurenelementen, die Abwehrkräfte steigern und Mangelerscheinungen ausgleichen.
Meeresfrüchte enthalten Jod, Calcium und hochungesättigte Fettsäuren. Das Fett ist kalorienarm.
Die Allergie-Heilkost erlaubt nur unbehandelte Meeresfrüchte und Fische. *Einzige Ausnahme*: Räucherlachs, Bücklinge *ohne* Folie.
Die Auswahl muß stimmen.
Da Flußmündungen durch Abwässer belastet sind, nehmen wir nur Fisch, Eismeerkrabben und Schalentiere aus den klaren Meeresströmen von Neufundland.
In 200 bis 500 Metern Tiefe werden sie gefischt und oft

auf den Fangschiffen sofort gekocht, sortiert, geschält und einzeln frisch schockgefrostet. Oder Sie kaufen frisch im Laden, auch beim Fischer, wenn Sie am Meer leben.
Wir nehmen keine Ware aus Dosen.

Seefische	Süßwasserfische
Heilbutt	Forelle
Hering	Lachsforelle
Goldbarsch	Hecht
Kabeljau	Renke
Seelachs	Karpfen
Lachs	Waller
Zander	Saibling
Schellfisch	
Makrele	

Frische Fische erkennt man beim Einkauf an ihrem festen Fleisch, den klaren Augen und leuchtendroten Kiemen. Außerdem haben sie nie einen intensiven Fischgeruch. Lassen Sie sich die Fische im Geschäft kochfertig vorbereiten. Frische Fische sollten bald zubereitet werden.
Tiefgekühlter Fisch wird nach dem Auftauen genau wie frischer Fisch behandelt und sofort verbraucht.
Die Seefische werden gewaschen, gesalzen und mit frischem Zitronensaft marinient. Wir kochen oder dünsten sie.
Süßwasserfische werden nur gewaschen. Im vorgekochten 30-Minuten-Sud dürfen sie nur garziehen. Gekocht

würde die Haut reißen, was auf dem Teller nicht gut wirkt. Gar ist der Fisch, wenn sich die Rückenflosse leicht herausziehen läßt.

Fischsud: 2 Liter Wasser, den Saft einer frischen Zitrone, 1 in Scheiben geschnittene Zwiebel, 1 Möhre, 1 Bund Petersilie, 1 Lorbeerblatt, 3 Gewürzkörner.
Wir servieren mit zerlassener Butter, grünem Salat, Salz- oder Petersilienkartoffeln. Letztere kochen wir wie Salzkartoffeln, jedoch mit einer geschälten, geschnittenen Zwiebel. Zum Stampfen behalten wir Kochwasser zurück, geben ein Stückchen Butter daran und viel frische, gehackte Petersilie.

Dünsten: Wir geben Butter oder Distelöl in die Pfanne, kleingeschnittene Zwiebel, wenn Sie wollen, Tomatenscheiben. Später noch Schnittlauch, Petersilie oder Dill dazu. Und immer eine Zitronenspalte.
Das Dünsten auf gut gewaschenem Lauch, der vorgegart wird, ist sehr wohlschmeckend.

Im Backofen: Hecht läßt sich als ganzer Fisch mit Salz, Pfeffer, frischen Kräutern und Butterflocken im vorgeheizten Ofen backen. Sein Rücken wird mehrmals eingeschnitten und jeweils mit einem Stück Butter und Kräutern gefüllt.
Ihrer Phantasie sind keine Grenzen gesetzt, solange natürliche Zutaten verwendet werden und kein anderes Fett außer Distelöl und Butter. Zum Dünsten Brat- und Fritieröl verwenden.

Matjessalat

4 Matjes aus dem Faß
1 Knolle Sellerie
1 Apfel
1 Zwiebel, mittel
1 Gewürzgurke
oder
2 EL Sauerkraut
1 Zitrone/Saft
4 EL Distelöl
½–1 Tasse Rahm
500 g Pellkartoffeln

Am Vortag kochen wir die Knolle Sellerie mit Schale.
Matjes in der Folienpackung sind konserviert, deshalb die Beschriftung genau lesen. Nur Matjes aus Faß oder Eimer sind weitgehend nicht konserviert. Auf jeden Fall wässern wir sie eine Stunde.
Wir nehmen eine Deckelterrine, rühren aus Öl, Zitronensaft, Meersalz, Pfeffer, Spritzer Natreen und Rahm eine Sauce, in die wir die kleingeschnittene Zwiebel und gewürfelte Gurke geben, dazu den geschälten, gewürfelten Apfel und die würflig geschnittenen Matjes. Wir halbieren die Knolle Sellerie und würfeln auch diese. Nach und nach geben wir alle Zutaten in die Terrine, heben alles vorsichtig unter und lassen den Matjessalat mit den geschnittenen Pellkartoffeln an einem kühlen Ort (Kühlschrank) mindestens 1 Stunde ziehen.

Selleriesalat

Die andere Hälfte der o.a. gekochten Sellerieknolle schälen wir und schneiden sie in Scheiben.
Wir nehmen eine Deckelschüssel und bereiten aus 2 EL Distelöl, einer Prise Meersalz, Prise Pfeffer, Saft 1 Zitrone, 2–3 Spritzern Natreen und einer kleingehackten Zwiebel eine Sauce. Eventuell noch 2 EL Öl nachgeben. Wir marinieren darin die Selleriescheiben und servieren den Salat mit einigen (handgeknackten) Walnüssen. Auch dieser Salat muß einige Zeit durchziehen, erst dann entfaltet er sein Aroma.

Krustentiere

Hummer, Garnelen, Eismeekrabben und Langusten sind in der Allergie-Heilkost eine willkommene Abwechslung.
Vor mehr als hundert Jahren wurden vor Helgoland auf felsigem Meeresgrund noch zahlreiche Hummer gefangen. Heute kommen sie vorwiegend von der Nordküste Amerikas. Die Ansprüche des Hummers an seine Umwelt sind beachtlich: er kommt aus saubersten Gewässern mit einer konstanten Temperatur von 19 Grad. Zum »Häuten« braucht der Hummer einen felsigen Boden mit Nischen und Höhlen, aus denen er erst wieder hervorkommt, wenn der neue Panzer gefestigt ist.
Seine kleineren Artgenossen leben nicht anders und sind daher für die Allergie-Heilkost sehr geeignet.
Wir kaufen sie lebendfrisch oder tiefgekühlt. Vorgekochte werden nur aufgetaut, gewaschen und mit leich-

ter, selbsthergestellter Mayonnaise gereicht, die Sie mit EDEN-Tomatenmark oder frischen, geschälten Kiwifrüchten oder frischen Kräutern, Dill, Petersilie, Kerbel, Estragon, verändern und abschmecken können. Das Gericht wird immer unvergleichlich gut sein.
Frischer Hummer wird im sprudelnd kochenden Sud gegart und kopfüber in den Topf geworfen. Der Sud wird mit frischem Dill oder Kümmel gewürzt. Für einen 500-g-Hummer benötigen wir 22 Minuten Kochzeit. Danach soll er im Sud erkalten. Halbieren Sie den Hummer, knacken Sie die Scheren und legen Sie das leuchtendrote Schalentier auf grüne Salatblätter. Es gibt dazu Weizen-Vollkorntoast und Butter.
Am besten bezieht man Eismeerkrabben und Krustentiere vom Tiefkühldienst, wo sie ihren Tiefkühlschlaf in der Tiefkühltruhe und -schrank weiterschlafen und nach Bedarf portionsweise entnommen werden.

Langostinos in Dillsauce

Aus 4 EL Distelöl oder Butter wir mit 1 EL Weizenvollmehl eine helle Mehlschwitze auf kleinem Feuer gerührt und sofort mit ¼ Liter Wasser (oder mehr) glattgerührt und langsam aufgekocht. Ist die Sauce gut eingedickt und mit Meersalz abgeschmeckt, wird sie mit ⅛ Liter frischer Sahne verfeinert, weiter gerührt, aber nicht mehr gekocht.
1 Bund frischer Dill wird gewaschen, sauber von den Stengeln gezupft und kleingeschnitten in die helle Sauce gegeben.
Die tiefgefrorenen, bereits gekochten Langostinos wurden über Nacht im Kühlschrank aufgetaut – oder vor dem Gebrauch am Tag in 3 Stunden – gewaschen und im Sieb abgetropft.
So vorbereitet werden die Langostinos an die Dillsauce gegeben, vorsichtig untergehoben und im geschlossenen Topf im Wasserbad 10–15 Minuten erhitzt.
Dazu gibt es einen der vielen grünen Salate und kanadischen *Wildreis*.

Er ist frei von Kunstdünger und das macht ihn für die Allergie-Heilkost besonders wertvoll. – Waschen Sie die erforderliche Menge in einem Sieb unter fließendem Wasser. Wildreis quillt auf etwa die vierfache Menge an. Geben Sie 1 Tasse Reis in 3 Tassen kochendes Wasser und kochen Sie 3–5 Minuten, vom Feuer nehmen und 60 Minuten zugedeckt quellen lassen. Danch garen wir ihn 30 Minuten in leichten Salzwasser bis die Körner weich sind.

Räucherfisch

Räucherlachs
Räucherforelle
Geräucherte Makrelen
Bücklinge

Seien Sie auch hier kritisch beim Einkauf. Nehmen Sie keinen Räucherfisch, der in Folie verpackt ist.

Fleisch

Rind
Kalb
Schwein
Lamm
Hammel

Grundsätzlich ist Fleisch in der Allergie-Heilkost *erlaubt*. Strenge Voraussetzung ist, daß dieses Fleisch *weder gepökelt, geselcht, umrötet, geräuchert oder auf andere Art chemisch behandelt ist.*
Fleisch verwenden wir nur im Naturzustand als Koch-

oder Bratenfleisch mit natürlichen Zutaten, Meersalz und Naturgewürzen. Sonst gar nichts.
Wir verwenden auch keinen Essig und keinen Speck.
In Rouladen werden dünne Scheiben Bündnerfleisch verwendet, dazu ½ Zwiebel und 1 Stück Gurke, Pfeffer, Meersalz und zum Schluß 1 EL Joghurt oder saure Sahne. Die Sauce mit kalt angerührtem Weizen-Vollmehl binden.
Kalter Braten ist geeignet als Brotbelag. Wir erinnern uns, daß Konservierungsstoff-Allergiker *keine* Wurst essen dürfen. Deshalb ist kalter Braten eine gute und begehrte Abwechslung.
Geben Sie zu Fleisch frisches Gemüse – auch tiefgefroren – und grüne Salate, ferner Kartoffeln, Reis, Nudeln. Verboten sind scharfgebratene Fleisch- und Kartoffelgerichte, verboten sind in der Allergie-Heilkost Pommes frites und alle fertigen Kartoffelprodukte in Beuteln und Tüten. Soviel zu den Beilagen.

Hier einige Anregungen:
Rindersaftbraten, Roastbeef, Schmorbraten, Filetbeefsteak gegrillt, Rouladen, Saftgulasch mit Zwiebeln, Beefsteakhack, Tatar, Ochsenbein geschmort, Tafelspitz mit Kräutersauce oder Sahnemeerettich, Falscher Hase, Frikadellen, Königsberger Klopse, Krautwikkeln, Schweinebraten, Münchner Weißwurst, Schweinerippchen mit Sauerkraut, Schweinefilet, Schweinekotelett natur.

Hammelfleisch und Lamm:
Lammbraten, Hammelkeule, Lammkotelett, Hammelfleisch und grüne Bohnen oder mit Wirsing; Hammelpi-

laf, Bretonisches Hammelragout (Navarin de Mouton), Schwedisches Dillfleisch (Dillkött), Geschmortes Lamm mit Tomaten und frischen Champignons, Thymian und Petersilie, Irish Stew.

*Kalbfleisch**
Kalbsbraten, gefüllte Kalbsbrust, Kalbsrouladen, Kalbsfrikassee, Kalbsnierenbraten, Berner Kalbsrouladen mit einer Scheibe Gruyèrekäse.

Geflügel

Gans, Ente, Huhn, Hähnchen, Suppenhuhn, Pute, Taube

Anregung:
Gänsebraten, Entenbraten, Hähnchen, Hühnerfrikassee, Huhn mit Reis als Eintopf und vieles andere natur! Putenbraten, Putengulasch.

Wild

Hirsch
Reh
Hase
Wildschwein
Hauskaninchen
sämtlich im Ofen gebraten, jedoch *ohne* Zugabe von Wein oder Speck.

* Nur vom Metzger mit Nachweis der Muttertierhaltung

Beilagen:
Apfelrotkraut, Weißkraut, Sauerkraut, Rosen- und Blumenkohl, Auberginen, Champignons frisch, Erbsen, Möhren, Sellerie, Porree, grüne Bohnen, dicke Bohnen (ohne Speck!), Spargel, Grünkohl, Spinat, Artischokken.
Es kann nicht oft genug wiederholt werden: Gemüse wird schonend gekocht, vom Feuer genommen und dann erst Butter oder Distelöl und gehackte frische Kräuter darangegeben. *In der Allergie-Heilkost wird bei Konservierungsstoff-Allergikern weder Speck, Schmalz noch Margarine verwendet.*

Käse

Käse ist beliebt und wird fast zu allen Mahlzeiten gegessen, nur sollte auch hier nur eine bestimmte Auswahl getroffen werden. Geeignet sind alle naturgereiften Sorten vom Stück, die Sie selbst oder die vom Verkäufer vor Ihren Augen geschnitten werden: *Gruyère, Appenzeller, Gouda, Emmentaler, Tilsiter.*
Auch kleine vollfette Käse sind erlaubt: *Le Tartare, Gervais.* – Verboten sind alle Sorten *Schmelzkäse*.

Dessert

Alle Sorten Pudding, Creme- und Götterspeise industrieller Herstellung, darunter auch Fruchtpudding und Fruchtgrütze sind zu *meiden*.
Es gibt nur 2 Möglichkeiten: Sie essen frisches Obst,

was am besten ist, oder Sie kochen aus Naturzutaten, z.B. Grießflammerie mit selbstgekochtem Obst (Kompott niemals aus Industriegläsern). Ferner ist *echte* Zitronencreme erlaubt, macht nur etwas Mühe.
Eingemachtes Kompott ist wertlos.

Erdbeer-Sahne-Eis

500 g Erdbeeren, frisch
4 EL Honig
½ l Frischrahm

Erdbeeren waschen und von Blüten befreien. Schöne Früchte zum Garnieren. Die Erdbeeren im Mixer mit Honig pürieren. – Die Sahne sehr steif schlagen, unter die Erdbeeren heben und im Tiefkühlfach bei 18 Grad Kälte 3 Stunden gefrieren. Als Gefäß die Eisschale ohne Würfeleinsatz benutzen.
Anstelle der Erdbeeren können Sie jede andere Frucht zu Rahmeis verarbeiten: Bananen, Pfirsiche, Himbeeren.

Pfirsich Melba mit Vanille-Eis

¼ l Milch
¼ l Frischrahm
1 Vanillestange
2 EL Blütenhonig (neutral)
Prise Meersalz
2 reife Pfirsiche
Sahne

Milch, Rahm, Salz mit aufgeschlitzter Vanillestange aufkochen und 10 Minuten beiseite stellen.
Inzwischen Honig und Eigelb schaumrig rühren.
Die Vanilleschote aus der Milch nehmen, die Milch langsam unter die Eimasse mischen und im Kochtopf unter ständigem Rühren erhitzen und eindicken, aber nicht kochen. Die Eier würden sonst gerinnen. Zu diesem Rezept benötigen wir eine Sorbitière (Eismaschine) und gefrieren darin das köstliche Vanilleeis.

2 große, saftige frische Pfirsiche, keinesfalls aus der Dose (!), brühen wir, ziehen die Haut ab und halbieren sauber. In je 1 flaches Glas geben wir Vanilleeis und legen darauf 1 Pfirsichhälfte und Sahne.

Getränke

Getränke aus der Flasche – das ist ein undankbares Thema und »heißes Eisen«.
Wir meiden in der Allergie-Heilkost alles, was die Industrie herstellt und als »gesund« anpreist.
Denn Vitamine sind, was wir inzwischen gelernt haben, *nur* in *frischen* Früchten und in den *frischgepreßten* Säften.
In der Allergie-Heilkost sind erlaubt:
1. Stille Mineralwässer ohne oder mit wenig Kochsalz. Aber auch hier ist Vorsicht geboten. Auch Mineral-

wasser kann chemisch konserviert sein. Testen Sie deshalb selbst.

2. Frisches Leitungswasser, angereichert mit 1 TL Honig und *frischem* Zitronen-/Orangensaft. Allergiereaktion!
3. Tee wie im Kapitel beschrieben, gesüßt mit Honig. Ein gefüllter Honigspender sollte auf jedem Tisch stehen.
4. Schwarzer Tee ist problematisch. Er entzieht Eisen und sollte deshalb nie zu den Mahlzeiten getrunken werden. Eine Tasse *zwischendurch* ist erlaubt.
5. Hin und wieder ist für Erwachsene ein Gläschen Alkohol erlaubt, nur muß er *über* 40% Alkohol haben, weil dann die Garantie besteht, daß er *nicht* konserviert ist. Alle Werte darunter und süßer sind *nicht* erlaubt. Alle Aperitifs und Liköre sind inklusive Südwein stark konserviert und meist auch gefärbt.
6. Wein und Sekt, ganz gleich welcher Art, sind verboten; sie sind durchweg geschwefelt und daher Auslöser von Asthma und Schnupfen, Nasen-Nebenhöhlenentzündung und Bronchitis, Ekzemen.
7. Ein Bier ist noch am ungefährlichsten, soweit es aus einer deutschen Brauerei stammt, wo das Reinheitsgebot beachtet wird. Aber auch Bier ist nicht gleich Bier. Der Allergiker muß *sein* Bier herausfinden.
8. Für Kinder und Kranke sind Hafer- und Gerstenauszüge zu empfehlen. Sie haben hohen heilerischen Wert.

Getränk aus Vollgetreide

1 Tasse Hafer oder Gerste
1½ l Wasser
1 EL Honig
Variante:
1 Banane
1 Zitrone (Saft)
1 EL Honig
5 Feigen, eingeweicht

Das Getreide schroten wir grob und weichen es über Nacht in Wasser ein. Am Morgen seihen wir es durch ein feines Sieb an. Von diesem Getreidewasser lassen sich mehrere Portionen herstellen:
– Wir mixen es mit frischem Zitronensaft und Honig, auch Orangensaft.
–Wir mixen es mit frischer Banane und Honig.
–Wir mixen es mit 5 eingeweichten Feigen und Zitronensaft.

Alle erwähnten Getränke sollen in kleinen Schlucken getrunken werden. Bei allen Altersklassen sind Getränke aus Vollgetreide wegen des hohen heilerischen Wertes sehr beliebte Erfrischungsgetränke. Unsere Kinder bringen wir damit weg von fragwürdigen modernen Industriegetränken.

Was machen wir mit dem Schrot?
Den Schrot bringen wir mit ½ l Wasser und 1 EL ungeschwefelten Rosinen zum Kochen, fügen 2 geschälte, gescheibelte Äpfel dazu und ½ Stange Zimt. Nach kurzem Aufkochen haben wir eine nahrhafte Suppe, die wir mit 1 TL Honig süßen. Wir verfeinern mit etwas frischer Sahne und 1 TL Distel- oder Sojaöl.

Lockerungsübungen mit Yoga

. . . auch für Kinder (nach Prof. Hannelore Pilss-Samek)

Sobald sich der Körper entkrampft, Konservierungsstoffe nicht mehr zugeführt werden und der Patient wieder normal durchatmen kann, beginnen Lockerungsübungen.
Hört man Yoga, denkt am sogleich an einen Kopfstand oder an irgendwelche komplizierten Körperstellungen, weiß also nicht, daß Yoga auch einfach sein kann, daß diese Art der Ganzkörperschulung gerade für Schulkinder bestens geeignet ist. Zur kalten Jahreszeit entfallen Sportarten, die man im Freien ausüben muß. Um so besser, wenn man zum Heimtraining mal etwas ganz Neues versucht.
Worin liegt der Unterschied zwischen Yoga und Gymnastik? Bei Yoga werden die Bewegungen langsam und bewußt ausgeführt. Man verharrt 5 Sekunden in der Zielphase, bevor man wieder in die Ausgangsstellung zurückkehrt. Bei Gymnastik geschieht vieles mit Schwung, sogar mit Temposteigerung. Nehmen wir die bekannte Übung »Kerze« zum Vergleich! Bei Yoga baut man langsam den Körper aus der Rückenlage bis zur Hochstreckung der Beine auf, bleibt dann 5 Sekunden oben, kehrt langsam Wirbel für Wirbel zurück in die Rückenlage. Bei Gymnastik schnellt man viel Schwung hoch, um gleich wieder im Liegen oder Sitzen zu landen.
Der ganz große Vorteil bei Yoga-Übungen, Asanas genannt, ist, daß man bewußt und mit viel Körperbeherrschung übt, sich Konzentration auf den Bewegungsablauf aneignet. Dieses Sichkonzentrieren-Können wird dann bei allen anderen Sportarten positiv wirken.
Selbstverständlich freut sich jedes Kind, wenn es wieder herumtollen kann, dies entspricht der natürlichen Veranlagung. Doch sollte man nicht versäumen, Kinder zur konzentrierten Körperbeherrschung hinzuführen, nicht zuletzt im Interesse der Haltungsschulung, die während der Leidenszeit vernachlässigt wurde. Deshalb werden hier einige Yoga-Übungen vorgestellt, die man daheim und überall durchführen kann. Es ist bekannt, daß Leistungssportler und Menschen mit hohen geistiger Arbeit Yoga-Übungen durchführen.

1. *Storch* schult das Gleichgewicht, die Konzentrationsfähigkeit.

Ausgangsstellung: Fest auf beiden Füßen stehen, Arme seithalten.
Bewegungsablauf: Rechtes Knie nach außen gerichtet heben, die Fußsohle gegen linkes Innenknie stemmen, Arme hochbringen.
Ziel-Phase: Mit angestemmten Fuß 5 Sekunden verharren, langsam wieder »abbauen«, dann mit dem anderen Bein üben.

2. *Dreieck* macht um die Körpermitte beweglich, stärkt den Rücken.

Ausgangsstellung: Auf einer weichen Unterlage knien, linkes Bein seitstellen.
Bewegungsablauf: Langsam den Oberkörper zum linken Bein neigen, linke Hand aufs Knie stützen, rechten Arm über den Kopf bringen.
Ziel-Phase: Seitgeneigt 5 Sekunden verharren, die linke Hand bleibt aufs Knie gestützt, wieder aufrichten. Richtungswechsel!

3. *Kopfstand* (vereinfachte Form) kräftigt den Nacken, durchblutet das Gehirn.

Ausgangsstellung: Knien, die Arme vorhalten, Finger verschränken.
Bewegungsablauf: Hände zum Boden senken, Sitzfläche heben, Unterarme und Hände bilden ein Dreieck, Kopf anstützen, Arme belasten.
Ziel-Phase: Mit gestreckten Beinen verharren, nach Möglichkeit die Knie zur Schwebehaltung anbeugen . . .

4. *Pumpe* stärkt die Bauchmuskeln, macht das Kreuz beweglich.

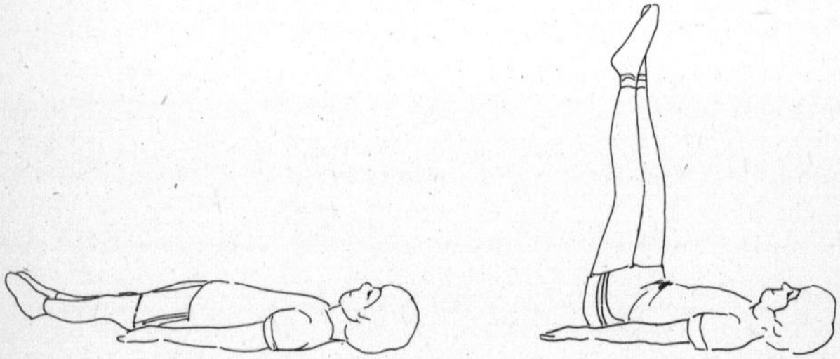

Ausgangsstellung: Rückenlage, Arme liegen neben dem Körper, Handflächen drücken zu Boden.
Bewegungsablauf: Die gestreckten Beine langsam heben, dabei ausatmen, Hände zum Boden drücken.
Ziel-Phase: Die Beine senkrecht hochhalten, verharren, dann langsam wieder senken, nicht einfach fallen lassen.

5. *Kobra* stärkt den Rücken und die Arm-Schultermuskulatur.

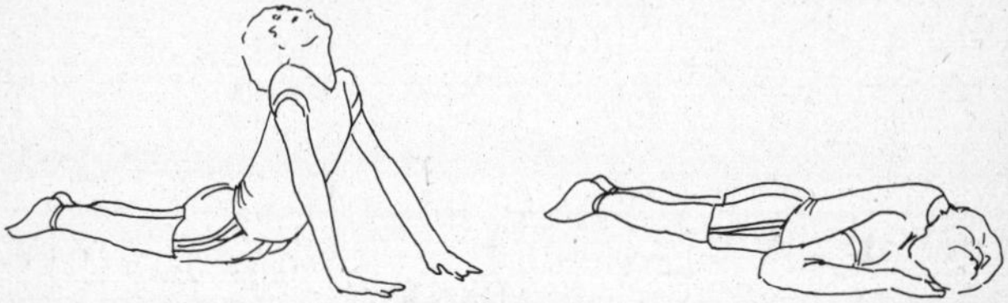

Ausgangsstellung: Bauchlage, Hände mit den Fingerspitzen zueinander aufstützen, Beine liegen geschlossen.
Bewegungsablauf: Kopf heben, den Oberkörper hochdrükken, Kopf nach hinten neigen.
Ziel-Phase: Mit hochgedrücktem Oberkörper gut 5 Sekunden verharren, den Kopf extrem nach hinten hängen lassen. Langsam wieder senken.

Anhang

Lieferanten-Nachweis

Firma Verfa GmbH, Römerstraße 21, 7900 Ulm/Donau, Lieferant für Nasenspüler aus Glas, 30 ccm

Firma Batscheider – Lieken-Urkornbrot ohne Konservierung, 8024 Deisenhofen/b. München

Schnitzer Vollkornbrot über Vertragsbäcker, Auskunft und Verzeichnis über Firma Schnitzer GmbH & Co. KG, Feldbergstraße 11, 7742 St. Georgen/Schwarzwald

Oli-fit Distelöl, Firma Wilhelm Egle GmbH (Versandhandel), Hauptstraße 47, 7129 Pfaffenhofen

EDEN – Tomatenmark, Reformhandel

Brecht-Gewürze, Reformhandel oder Firma Brecht, 7500 Karlsruhe

Natur- oder Avorio-Reis, Reformhandel

Vollmeersalz, Reformhandel

Frische Sahne der Molkerei Piding, (EDEKA oder Spar) sonst 8235 Piding/Obb.

Tiefkühlgemüse:

Broccoli, Blattspinat, Brechbohnen, Delikateß-Bohnen, Delikateß-Gemüse, Mischgemüse, Pariser

Karotten, Porree, Rosenkohl, Schwarzwurzeln, Stangenspargel.

Tiefkühlobst:

Brombeeren, Erdbeeren, Heidelbeeren, Himbeeren.

Fleisch:

Filetsteaks, Lammkeule

Fisch:

Lachs und Räucherlachs, Forelle und Räucherforelle, Hering und Matjes, Neptunspitzen (Kabeljaufilet), Rotbarschfilet.

Lieferant: Firma Eismann Tiefühl-Heimservice, Hauptverwaltung Seibelstraße 36, 4020 Mettmann.

Krustentiere:

Hummer, Königskrabben, Krebse, Eismeerkrabben.

Parmesankäse

Lieferant: Delikatessenversand H. Köser, Postf. 290326, 2850 Bremerhaven.

Literatur

- Udo Pollmer: Iß und stirb, Verlag Kiepenheuer und Witsch
- Friedrich Mühleib: Schock nach Eierspeise, »Die Zeit«, Nr. 2, 4. Januar 1985
- Ragnar Berg: Von Säuren und Basen
- Dr. Aschoff: Ernährungsrichtlinien für Patienten, die gesund werden und gesund bleiben wollen
- Hedy Bircher-Rey: Wie ernähre ich mich richtig im Säuren-Basen-Gleichgewicht?, Humata Verlag, 1979

– Vom Eiweiß (zusammengestellt aus ›Documenta Geigy‹) entnommen aus: Prof. Lothar Wendt: Die Eiweißspeicherkrankheiten, Prof. Dr. Werner Kollath: Getreide und Mensch
– Eduard A. Brecht: Kochbuch für schlemmerhafte Anti-Krankheitskost. Der kompromißlose Weg zur Gesundheit, Brecht Verlag, Karlsruhe
– Institut Louis Pasteur Paris. Text und Bearbeitung von Prof. Bruce N. Ames über die Zellmutation eines Produkts, folglich auch die Neigung zu Krebs.
– Prof. Werner Kollath: Die Ordnung unserer Nahrung, Verlag Karl F. Haug, Heidelberg 1978
– Vitamin-B_{12}-Steigerung, nach der Tabelle aus: Viktoria Kulvinska: Leben und Überleben, Kursbuch ins 21. Jahrhundert.
– Ida Schwintzer: Das Milchschaf, Ulmer Verlag, 1983
– Dr. med. Hermann Geesing: Immuntraining, Herbig, 1988
– Fred W. Koch: Saure Nahrung macht krank, zus.gestellt und überarbeitet von Henrika Fuhrer, Frech Verlag, 1984
– Johann G. Schnitzer: Backen mit Vollkorn für Hausfrauen und Hobby-Bäcker, Schnitzer Verlg, o.J.